EUGENIO CAMBACERES

Argentina 1843 - 1889

Sin rumbo

Tecnibook Ediciones

Sin rumbo: 01

Primera parte

- I -

En dos hileras, los animales hacían calle a una mesa llena de lana que varios hombres se ocupaban en atar.

Los vellones, asentados sobre el plato de una enorme balanza que una correa de cuero crudo suspendía del maderamen del techo, eran arrojados después al fondo del galpón y allí estivados en altas pilas semejantes a la falda de una montaña en deshielo.

Las ovejas, brutalmente maneadas de las patas, echadas de costado unas junto a otras, las caras vueltas hacia el lado del corral, entrecerraban los ojos con una expresión inconsciente de cansancio y de dolor, jadeaban sofocadas.

Alrededor, a lo largo de las paredes, en grupos, hombres y mujeres trabajaban agachados.

La vincha, sujetando la cerda negra y dura de los criollos, la alpargata, las bombachas, la boina, el chiripá, el pantalón, la bota de potro, al lado de la zaraza harapienta de las hembras, se veían confundidos en un conjunto mugriento.

En medio del silencio que reinaba, entrecortado a ratos por balidos quejumbrosos o por las compadradas de la chusma que esquilaba, las tijeras sonaban como cuerdas tirantes de violín, cortaban, corrían, se hundían entre el vellón como bichos asustados buscando un escondite y, de trecho en trecho, pellizcando el cuero, lonjas enteras se desprendían pegadas a la lana. Las carnes, cruelmente cortajeadas, se mostraban en heridas anchas, desangrando.

Por tres portones soplaba el viento Norte: era como los tufos abrasados de un fogón:

-¡Remedio! -gritó una voz.

La de un chino fornido, retacón, de pómulos salientes, ojos chicos, sumidos y mirada torva.

Uno de esos tipos gauchos, retobados, falsos como el zorro, bravos como el tigre.

El médico -un vasco viejo de pito- se había acercado munido de un tarro de alquitrán y de un pincel con el cual se preparaba a embadurnar la boca de un puntazo que el animal recibiera en la barriga, cuando, de pie, junto a este, en tono áspero y rudo:

-¿Dónde has aprendido a pelar ovejas, tú? -dijo un hombre al chino esquilador.

-¡Oh! ¡y para qué está mandando que baje uno la mano!...

-Lo que te está pidiendo el cuerpo a ti, es que yo te asiente la mía...

-¡Ni que fuera mi tata!... -soltó el chino y, sacando un pucho de la oreja lo encendió con toda calma, mientras, cruzado de piernas sobre el animal que acababa de lastimar, miraba de reojo al que lo había retado, silbando entre dientes un cielito.

La burla y las risas contenidas de los otros festejando el dicho, como un lazazo agolparon la sangre al rostro de este:

-¡Insolente! -gritó fuera de sí y al ruido de su voz se unió el chasquido de una bofetada.

Echar mano el gaucho a la cintura y, armado de cuchillo, en un salto atropellar a su adversario, todo fue uno.

La boca de un revólver lo detuvo.

Entonces, con la rabia impotente de la fiera que muerde un fierro caldeado al través de los barrotes de su jaula, el chino amainó de pronto, envainó el arma cabizbajo y, dejando caer sueltas las manos:

-¿Por qué me pega, patrón? -exclamó con humildad, haciéndose el manso y el pobrecito, mientras el temblor de sus labios lívidos acusaba todo el salvaje despecho de su alma.

-Para que aprendas a tratar con la gente y a ser hombre... Villalba, recíbale las latas al tipo este, páguele y que no vuelva a verlo ni pintado.

Luego, a los otros:

-Si alguno de vds. tuviera algo que observar, puede ir abriendo la boca; por la puerta caben todos.

El viento entró en remolino. En medio de la densa nube de tierra que arrastraba, se oyó el ruido repicado de las tijeras hundiéndose entre la lana, sonando como cuerdas tirantes de violín.

Sin rumbo: 02

- II -

Sobre la cumbre de un médano en forma de caballo corcovado, se alzaba el edificio. Un pabellón Luis XIII, sencillo, severo, puro.

Dos cuerpos lo formaban flanqueados por una torre rematada en cono.

En la planta baja, sobre la entrada a la que seis gradas conducían, una marquesa tendía el vuelo elegante de su techo.

Del vestíbulo, por la puerta de enfrente, se pasaba a una sala-comedor. A la izquierda el escritorio, a la derecha una escalera, por la torre, llevaba al dormitorio, toilette y cuarto de baño de la planta superior.

Más arriba, en el alero, piezas para criados, dando al resto de la casa hasta la cocina y dependencias del sótano, por otra escalera chica de servicio.

Desde lo alto y sin que alcanzaran a estorbar la vista, al frente, la bóveda viva de una calle de paraísos abriéndose en ancho semicírculo de tullas alrededor de la casa; atrás, hacia las otras dependencias de la estancia y, cuesta abajo, un patio sombreado por parrales y, a los lados, los montes de duraznos y de sauces partidos en cruz por largos caminos de álamos, se divisaba la tabla infinita de la pampa, reflejo verde del cielo azul, desamparada, sola, desnuda, espléndida, sacando su belleza, como la mujer, de su misma desnudez.

Una faja de nubes amarillas, semejantes a un inmenso trebolar en flor, coronaba el horizonte.

A lo lejos, vapores blancos flotaban como agua sobre el campo.

El sol ardiente de Noviembre bajaba por el cielo como una garza sedienta cayendo a beber en la laguna.

Cerca, sobre una loma, la mancha gris de una majada.

Acá y allá, sembradas por el bañado, puntas de vacas arrojando la nota alegre de sus colores vivos.

Las perdices silbaban su canto triste, melancólico. Los jilgueros y benteveos, cansados, se ganaban a hacer noche en la espesura del monte, los teros, de a dos, bichaban cuidando el nido y, azorados ante el vuelo de un chimango o la proximidad de un hombre cruzando el campo, se alzaban en volidos cortos, se asentaban ahí no más, corrían, se paraban, se agachaban y, aleteando, soltaban su grito austero.

Al vaivén tumultuoso de la hacienda, a los ruidos del tendal, al humear de los fogones, al hacinamiento de bestias y de gente, de perros, de gatos, de hombres y mujeres viviendo y durmiendo juntos, echados en montón, al sereno, en la cocina, en los galpones, a toda esa confusión, esa vida, ese bullicio de las estancias en la esquila, un silencio de desierto había seguido.

Ni aun el viento, dormido, parecía querer turbar la calma inalterada de la tarde.

En el balcón abierto de su cuarto, al naciente, largo a largo tendido sobre un sillón de hamaca, alto, rubio, la frente fugitiva, surcada por un profundo pliegue vertical en medio de las cejas, los ojos azules, dulces, pegajosos, de esos que es imposible mirar sin sufrir la atracción misteriosa y profunda de sus pupilas, la barba redonda y larga, poblada ya de pelo blanco no obstante haber pasado apenas el promedio de la vida, estaba un hombre: Andrés.

Sin rumbo: 03

- III -

Al través del humo de su cigarro, su mirada vagaba perdida en el espacio.

Era la serie de cuadros del pasado, desvanecidos, viejos unos, borrados por el tiempo como borra la distancia los colores, los otros frescos, vivos, palpitantes.

Las reminiscencias de la primera infancia, los seis años, la escuela de mujeres, la maestra -Misia Petronita- de palmeta y pañuelo de tartán, la cartilla, Astete y, luego, las grandes, hoy marchitas, madres, abuelas muchas de ellas.

Después, Mister Lewis, su colegio de varones, almácigo de comerciantes, el espíritu positivo y práctico del padre queriendo hacerle entrar teneduría, alemán, inglés, meterlo en un escritorio.

La oposición empecinada y paciente de la madre ciega de cariño, soñando otras grandezas para su hijo, cómplice inconsciente de su daño, dispuesta siempre a encubrirlo, a defenderlo, a encontrar bien hecho lo que hacía, a ver en él a una víctima inocente del despotismo paterno y triunfando al fin con el triunfo del mañoso sobre el fuerte.

Una vez -y el recuerdo de este lejano episodio de su vida se dibujó claramente en su memoria- una vez, había llegado a Buenos Aires una francesa vieja, zonza, flaca y fea, pero... era artista, cantaba en Colón.

Enardecido al calor de una de esas fantasías de adolescente, que tienen la virtud de transformar en un edén el camarín hediondo a cola y a engrudo de las cómicas, hacerse presentar a ella por el empresario, un italiano viejo, corrompido, y mandarle en la noche del estreno diez mil pesos en alhajas, todo fue uno.

Por error, la cuenta cayó en manos del padre.

Una escena violenta se siguió. Fastidiado, declaró el viejo que cerraba los cordones de su bolsa.

El hijo, insolente, replicó alquilando un cuarto en el Hotel de la Paz.

Empezaron entonces los manejos de la madre, las tácitas contrariedades, los enojos, los obstinados silencios de días, de semanas, esa muerte a alfilerazos, esa guerra sorda y sin cuartel de las mujeres que acaba por convertir el hogar en un infierno.

A poco andar, llegaba a manos del hijo una carta escrita así:

«Si no te bastan quince mil pesos por mes, toma treinta mil, pero vuelve».

«¡La universidad -pensaba Andrés-, época feliz, haragán, estudiante y rico!

»El Club, el mundo, los placeres, la savia de la pubertad arrojada a manos llenas, perdidos los buenos tiempos, árido por falta de cultivo y de labor, baldío, seco el espíritu que tiene en la vida -se decía-, como las hembras en el año, su primavera de fecundación y de brama.

»Después, ¡oh! después es inútil, imposible; es la rama de sauce enterrada cuando ya calienta el sol.

»Vanos los esfuerzos, la reacción intentada, los proyectos, los cambios vislumbrados a la luz de la razón pasajero rayo de sol entre dos nubes.

»Vanos los propósitos de enmienda, el estudio del derecho un instante abrazado con calor y abandonado luego merced al golpe de maza del fastidio. El repentino entusiasmo por la carrera del médico, la camaradería con los estudiantes pobres de San Telmo, el amor al anfiteatro, muerto de asco en la primera autopsia.

»Vanas más tarde las veleidades artísticas, las fugaces aspiraciones a lo grande y a lo bello, las escuelas de Roma y de París, el Vaticano, el Louvre, Los Oficios, los talleres de los maestros Meissonier, Monteverde, Madrazo, Carrier-Beleuse, entrevistos y dejados por otra escuela mejor: el juego y las mujeres; la orgía.

»Y en un momento de empalago, de cansancio, de repugnancia profunda, los viajes, la Rusia, el Oriente, la China, el mundo y siempre y en todas partes, bajo formas varias y diversas, el mismo fondo de barro.

»Seco, estragado, sin fe, muerto el corazón, yerta el alma, harto de la ciencia de la vida de ese agregado de bajezas: el hombre, con el arsenal de un inmenso desprecio por los otros, por él mismo, en qué había venido a parar, ¿qué era al fin?

»Nada, nadie...

»¿Qué antecedentes, qué títulos tenía?»

No haber llegado a tirar por falta de tiempo, antes que lo ganara el hastío, los restos de lo que supo ahorrar su padre:

-¡Ah! sí -exclamó de pronto Andrés con un gesto de profundo desaliento, arrojando la punta de su cigarro que le quemaba los labios-, ¡chingado, miserablemente chingado!...

La noche había llegado, tibia, trasparente.

Una niebla espesa empezaba a desprenderse de la tierra.

El cielo, cuajado de estrellas, parecía la sábana de una cascada inmensa derramándose sobre el suelo y levantando, al caer, la polvareda de su agua hecha añicos en el choque.

Andrés, recostado contra la reja del balcón, miró un momento: «¡Uff!...» hizo cruzando los brazos en la nuca y dando un largo bostezo, «¡qué remedio!... mañana iré a ver a la china esa».

Encendió luz, ganó la cama y abrió un libro.

Media hora después cerraba los ojos sobre estas palabras de Schopenhauer su maestro predilecto: «el fastidio da la noción del tiempo, la distracción la quita; luego, si la vida es tanto más feliz cuanto menos se la siente, lo mejor sería verse uno libre de ella».

Sin rumbo: 04

- IV -

El sol, a plomo, quemaba, blanco como una bola de vidrio en un crisol.

Los pastos marchitos habían dejado caer sus puntas, como inclinando la cabeza agobiados por el calor.

Echados entre las pajas, entre el junco, en los cardales, al reparo, ni pájaros se veían.

Solo un hombre, envuelta la cabeza en un ancho pañuelo de seda, iba cruzando al galope.

Los chorros de sudor de su caballo cabizbajo y jadeante regaban la rastrillada. El jinete llevaba las riendas flojas. De vez en cuando lo animaba castigándolo por la paleta con el rebenque doblado.

Después de largo rato de andar, junto a la huella, halló a su paso rodeada una majada.

Las ovejas, gachas, inmóviles, apiñadas en densos pelotones, parecían haber querido meterse unas en otras buscando sombra.

A corta distancia estaba el puesto: dos piezas blanqueadas, de pared de barro y techo de paja.

A la izquierda, en ángulo recto, una ramada servía de cocina.

A la derecha, un cuadro cercado de cañas: el jardín.

En frente, entre altos de viznaga, un pozo con brocal de adobe y tres palos de acacio en horca sujetando la roldana y la huasca del balde.

Más lejos, protegido por la sombra de dos sauces, el palenque.

Bajo el alero del rancho, colgando de la última lata del techo, unas bolas de potro se veían.

Tiradas por el suelo acá y allá, contra la pared, prendas viejas: un freno con cabezada, una bajera, una cincha surcida arrastrando su correa:

-¡Ave María purísima! -gritó el que acababa de llegar, sin bajarse de su caballo.

Un perro bayo, grande, pronto como volido de perdiz, se fue sobre él:

-¡Ave María purísima! -repitió dominando la voz furiosa del animal que, con los pelos parados, le estaba ladrando al estribo:

-¡Sin pecado concebida! -contestaron entonces desde adentro-, ¡fuera, Gaucho... fuera... fuera!...

Y hablando al recién venido:

-Apéese, patrón, y pase adelante -exclamó por la puerta entreabierta una mujer, mientras asomando con esquivez la cara, una mano en la hoja de la puerta, se alzaba con la otra el ruedo de la enagua para taparse los senos:

-Tome asiento D. Andrés y dispense, ya voy -prosiguió desde la pieza contigua así que Andrés hubo entrado.

Seis sillas negras de asiento de madera, una mesa y un estante de pino queriendo imitar caoba, eran los muebles.

A lo largo de la pared, clavadas con tachuelas, se veía una serie de caricaturas del «Mosquito», regalo del mayoral de la galera: el General Sarmiento vestido de mariscal, el Doctor Avellaneda, enano sobre tacos de gigante, el brigadier D. Bartolo Mitre, en la azotea de su casa, el Doctor Tejedor, de mula, rompiendo a coces los platos en un almacén de loza, ¡la sombra de Adolfo Alsina llorando las miserias de la patria!...

-¿Qué estaba haciendo Donata?

-Sesteando, D. Andrés.

-¿Solita?

-Sí, sola. Tata se fue al pueblito esta mañana de madrugada.

Al oírla, un gesto de satisfacción asomó al rostro de Andrés.

Luego, apagando el ruido de sus pasos, caminó hasta la abertura de comunicación entre ambas habitaciones, mal cerrada con ayuda de una jerga pampa, y allí, por una rendija, echó los ojos.

Dos cujas altas y viejas, separadas una de otra por un cortinado de zaraza, varias sillas de palo y paja torcida, una caja grande para ropa, una mesa con floreros, una imagen sagrada en la pared y en un rincón, un lavatorio de fierro con espejo, completaban el ajuar del dormitorio común.

Donata, atareada, iba y venía por el cuarto, se vestía.

Acababa de trenzarse el pelo largo y grueso, con reflejos azules como el pecho de los renegridos.

El óvalo de almendra de sus ojos negros y calientes, de esos ojos que brillan siendo un misterio la fuente de su luz, las líneas de su nariz ñata y graciosa, el dibujo tosco, pero provocante y lascivo de su boca mordiendo nerviosa el labio inferior y mostrando una doble fila de dientes blancos como granos de mazamorra, las facciones todas de su rostro parecían adquirir mayor prestigio en el tono de su tez de china, lisa, lustrosa y suave como un bronce de Barbedienne.

Andrés, inmóvil, sin respirar siquiera, la miraba. Sentía una extraña agitación en sus adentros, como la sorda crepitación de un fuego interno, como si repentinamente, a la vista de aquella mujer medio desnuda, le hubiesen derramado en las venas todo el extinguido torrente de sangre de sus veinte años.

Ella, sin sospechar que dos ojos hambrientos la devoraban, proseguía descuidada su tarea mientras, deseosa de evitar a Andrés el fastidio de la espera, de cuando en cuando le hablaba:

-¿Y Vd., patrón, con tanto sol, qué milagro?

Se había sentado; iba a ponerse las medias.

Al cruzar una sobre otra las piernas, alzándose la pollera, mostró el pie, un pie corto, alto de empeine, lleno de carne, el delicado dibujo del tobillo, la pantorrilla alta y gruesa, el rasgo amplio de los muslos y, al inclinarse, por entre los pliegues sueltos de su camisa sin corsé, las puntas duras de sus pechos chicos y redondos.

Descorriendo la cortina, Andrés entró de golpe:

-¡Solo por verte a ti, mi hijita, he venido!

Y en la actitud avarienta del que teme que se le escape la presa, arqueado el cuerpo, baja la cabeza, las manos crispadas, un instante se detuvo a contemplarla.

Después, fuera de sí, sin poder dominarse ya, en el brutal arrebato de la bestia que está en todo hombre, corrió y se arrojó sobre Donata:

-¡Don Andrés, que hace por Dios! -dijo esta asustada, fula, pudiendo apenas pararse.

A brazo partido la había agarrado de la cintura. Luego, alzándola en peso como quien alza una paja, largo a largo la dejó caer sobre la cama.

La tocaba, la apretaba, la estrujaba, la deshacía a caricias, le cubría de besos locos la boca, el seno, las piernas.

Ella, pasmada, absorta, sin atinar siquiera a defenderse, acaso obedeciendo a la voz misteriosa del instinto, subyugada a pesar suyo por el ciego ascendiente de la carne, en el contacto de ese otro cuerpo de hombre, como una masa inerte se entregaba.

De pronto, dio un agudo grito de dolor y soltó el llanto.

Breves instantes después, con el gesto de glacial indiferencia del hombre que no quiere, Andrés tranquilamente se bajaba de la cama, daba unos pasos por el cuarto y volvía a apoyarse sobre el borde del colchón.

-Pero, ¡qué tienes, qué te pasa, por qué estás ahí llorando, zonza! -dijo a Donata inclinado, moviéndola con suavidad del brazo-, ¿qué te sucede, di, ni tampoco un poquito me quieres, que tanto te cuesta ser mía?

Y como ella, abismada toda entera en su dolor y en su vergüenza, vuelta de espaldas, encogida, la cara oculta entre las manos, continuara derramando copiosas lagrimas:

-Vaya, mi alma, no sea mala, déme un besito y no llore.

-¡Don Andrés, por vida suya, déjeme!

Hubo un largo momento de silencio; se oía solo el zurrido de las moscas pululando en las rendijas por donde entraba el sol.

-Bueno, ingrata -exclamó por fin Andrés deseoso de acabar cuanto antes, violento de encontrarse allí, con ganas de irse-, ¡ya que tan mal me tratas, me retiraré, qué más!

Y despacio, mientras se dirigía hacia la puerta:

-Después, cuando se te haya pasado el enojo volveré -agregó levantando con toda calma la cortina de jerga y saliendo a montar a caballo, entre risueño y arrepentido de lo que había hecho, como harto ya.

Sin rumbo: 05

- V -

Entregado Andrés a su negro pesimismo, minada el alma por la zapa de los grandes demoledores modernos, abismado el espíritu en el glacial y terrible «nada» de las doctrinas nuevas, prestigiadas a sus ojos por el triste caudal de su experiencia, penosamente arrastraba su vida en la soledad y el aislamiento.

Insensible y como muerto, encerrado dentro de las paredes mudas de su casa, días enteros se pasaba sin querer hablar ni ver a nadie, arrebatado en la corriente destructora de su siglo, pensando en él, en los otros, en la miseria de vivir, en el amor -un torpe llamado de los sentidos-, la amistad -una ruin explotación-, el patriotismo -un oficio o un rezago de barbarie-, la generosidad, la abnegación, el sacrificio -una quimera o un desamor monstruoso de sí mismo-, en el cálculo de la honradez, en la falta de ocasión de la virtud; y nada ni nadie hallaba gracia ante el fuero inexorable de su amargo escepticismo. Ni aun el afecto de la madre, hijo tan solo del propio sufrimiento al ver sufrir a los hijos; ni aun Dios, un absurdo espantapájaros inventado por la collonería de los hombres.

Y era un desequilibrio profundo en su organismo, desigualdades de carácter, cambios bruscos, infundados, irritaciones sin causa ni razón, las mil pequeñas contrariedades de la existencia exasperándolo hasta el paroxismo de la ira, determinando en él una extraña perturbación de facultades, como un estado mental cercano de la locura.

Durante las lentas y abrumadoras horas de la siesta, en la escasa media luz de sus postigos entornados, repentinamente solía tirarse de la cama y abrir su balcón de par en par.

A la vista de la tierra reseca y partida en grietas por el sol, de los pastos abatidos y marchitos, en presencia del viento exhalando el monótono gemido de su voz al desgarrarse en su choque contra las copas de los árboles, o levantando a lo lejos la espiral de negros remolinos como humaredas del campo en combustión, un fastidio inaguantable, un odio, una saciedad de aquel cuadro mil veces contemplado lo invadía.

Daba un golpe rabioso a la ventana, echaba aldaba a los postigos y en las densas tinieblas de su casa convertida en un sepulcro, se arrojaba de espaldas a la cama y fumaba, fumaba incesantemente, unos tras otros paquetes enteros de cigarrillos turcos, su tabaco favorito, o en un rincón, sentado, los codos sobre las rodillas, la cabeza entre las manos, permanecía ensimismado e inmóvil largo tiempo.

De pronto, un deseo violento de salir, de andar, una fiebre, un furor de movimiento lo asaltaba.

Ensillaba él mismo su caballo y, contra el viento, el sombrero en la nuca, lagrimeándole los ojos, silbándole los oídos, galopaba, corría, devoraba locamente las distancias.

O la pasión de la caza llegaba a absorberlo por completo y se levantaba entonces al alba y en su afán de matar y de hacer daño, ganaba el campo.

Los altos de aves, de patos, de batitúes, de perdices, eran arrojados después a los perros y a los cerdos. Su paladar no podía soportar esas comidas.

Otras veces, en sus horas de calma y de quietud, como si su mal compadecido, de tarde en tarde, hubiese querido hacerle la limosna de una tregua, tendido sobre su hamaca a la sombra de los paraísos de la quinta, una pequeñez, una nada lo atraía; cualquier ínfimo detalle de la vida animal en sus manifestaciones infinitas.

Eran, ya las largas filas de hormigas yendo y viniendo por la cinta gris de sus caminos, deteniéndose, cruzando las patas, como dándose la mano al encontrarse y prosiguiendo luego, atareadas, unas con carga, otras de vacío su trabajo paciente y previsor.

Ya el hábil manejo, la cábula astuta de los sapos, en su guerra sin cuartel contra las moscas, tirándoles a traición, en un descuido, la certera estocada a fondo de sus lengüetazos.

Ya, algún hornero arruinado por la maldad de los hombres o la inclemencia del tiempo, caída y rota su casa, obligado a levantarla de nuevo, trabajando acá y allá, contra el pozo, en el borde de los charcos y, una vez hecha la mezcla, preparado el material, volando a emplearlo en el edificio admirable de su nido con la ayuda de su pico, como un albañil con la de su cuchara.

Una tarde, después de comer, había salido Andrés, fumaba frente a su casa.

De pronto, sintió un tumulto, dio vuelta y vio a Bernardo, su gato, su bestia preferida, el único ser entre los seres que lo rodeaban, para el cual, por una aberración acaso lógica del estado mórbido de su alma, tenía siempre un mimo, una caricia, perseguido de cerca por el perro del capataz.

Como una pelota de goma, el animal acosado, loco, saltó, se subió a la copa de un árbol, junto a un nido de benteveos.

La hembra, entonces, alarmada, creyendo en una agresión, encrespó furiosa las plumas; gritaba, se agitaba, golpeaba desesperadamente el pico contra un gajo.

El gato, por su parte, haciendo caso omiso de aquella vana hojarasca y todo estremecido por la inminencia del peligro, clavaba las uñas en el árbol y los ojos en el suelo donde, lamiéndose el hocico y sacudiendo la cola con un movimiento nervioso de culebra, su terrible adversario lo acechaba.

Un momento se detuvo Andrés a contemplar la escena.

Era eso el orden, la decantada armonía del universo; ¡era Dios aquello, revelándose en sus obras!...

Pero, bruscamente, tomando parte él también en la querella, entró a la casa, sacó su revólver y dejó tendido al perro de un balazo.

Luego, trepado al árbol con el auxilio de una escalera de podar que había allí cerca:

-¡Pobrecito Bernardo, casi me lo han muerto! -dijo alargando a éste la mano suavemente.

A su contacto, el gato, ofuscado, dio vuelta y le metió las uñas.

-¡Canalla! -exclamó Andrés-, esas son las gracias que me das, es así como me pagas... ¡Pareces hombre tú!

Sin rumbo: 06

- VI -

Había fiesta en el pueblito.

Un viejo rico, ladrón de vacas, creyendo liquidar sus cuentas con el diablo y pagar las hechas y por hacer con andar metido en las iglesias y dar su plata a los frailes, generosamente acababa de donar un flamante y relumbroso altar mayor.

El hecho se celebraba.

En su calidad de vecino importante del partido, Andrés naturalmente fue invitado.

Así como en otra situación, habría agarrado la misiva y héchola pedazos sin más vuelta, ese día en un revuelo antojadizo de su espíritu, porque sí:

-Iré -se dijo y mandó echar la tropilla y atar a cuatro caballos su carruaje.

Sin rumbo: 07

- VII -

La plaza, un alfalfal cruzado por filas de paraísos entre los que, de trecho en trecho, grandes claros se veían como afrentas de la seca y las hormigas al rostro de la estética, ostentaba multitud de tiras de coco blanco y celeste flameando al tope de astas de tacuara.

En las pulperías los borrachos, los «mamaos», quemaban gruesas de cohetes.

Los muchachos, en ronda, agarrados de las manos, saltaban gritando.

Los caballos atados a los postes de las veredas, asustados, se sentaban, reventaban los cabestros y las riendas.

De vez en cuando, un carricoche pasaba sonando con un ruido de matraca. Lo envolvía una nube de polvo.

En el atrio, los hombres se reunían. El Juez de Paz, el Comandante, el médico, el boticario, el Comisario de Policía, el maestro de escuela, los dueños de las casas de negocio, municipales o personajes influyentes, los ases, en un grupo.

Un poco más allá, pisando un poco más abajo, el gremio de dependientes rodeando al empleado telegrafista.

En la calle, junto al cordón de la vereda, las últimas cartas de la baraja, el chiripá y la camiseta se cortaban solos.

Las mujeres, hechas un cuero de escuerzo enojado, de a dos, de a tres, iban entrando.

Todo en ellas juraba, blasfemeaba de verse junto, desde el terciopelo y la seda hasta el percal. Cajones enteros de pacotilla alemana, salidos de los registros de la calle de Rivadavia, habían hallado allí su debouché.

La campana, rajada, con voz de vieja llamaba a misa.

Adentro, el cura, un vizcaíno carlista cuadrado de cuerpo y de cabeza, hombre de pelo en pecho y de cuchillo en la liga, se disponía a oficiar pomposamente en el altar, objeto de la fiesta.

Concluida la ceremonia religiosa, la numerosa concurrencia fue invitada a reunirse en el salón municipal donde un refresco había sido preparado.

Los brindis no tardaron en dejarse oír, brindis de cerveza y de asti spumante disfrazado de champagne.

El Juez de Paz, Presidente de la Municipalidad, de pie, decorosamente tomó la palabra y dijo:

-«Señores:

»Designado por mis honorables colegas y a nombre de la corporación que presido, cábeme el honor, a mí, modesto y humilde obrero, de dirigiros la palabra en este memorable día que jamás se borrará de nuestros recuerdos.

»Con el corazón henchido de cristiano gozo, habéis asistido señores, como buenos católicos que sois, al grandioso espectáculo de la ceremonia en que nuestro digno prelado (el cura aquí presente), acaba de inaugurar solemnemente el magnífico altar que un ilustre patriota y venerable anciano (aquí presente también), en un acto de generoso desprendimiento, tuvo a bien donar a la Iglesia de este pueblo.

»Es, a no dudarlo señores, un gran paso el que hemos dado en el sentido del adelanto de la localidad.

»Pero me veo forzado a declararlo: él no basta.

»Tenemos altar, señores, es cierto pero yo pregunto, ¿qué ganamos con eso si carecemos de templo?

»El local que hoy sirve a ese importante objeto, indigno de la pompa y augusta majestad del culto de nuestros padres, reducido e incapaz, por otra parte, para contener a los innumerables fieles que en alas de la fe, se congregan fervorosos a encomendar sus almas a la divina Providencia del Creador, es de todo punto inadecuado a los fines a que se halla consagrado.

»Otra necesidad no menos sentida e imperiosa, señores, es la de una casa apropiada para escuela.

»Más de las tres cuartas partes de los niños del partido (sensible y doloroso me es decirlo), más de las tres cuartas partes de esos niños que hoy son una esperanza risueña de la patria y que mañana serán una hermosa realidad, viven sumidos en la ignorancia y la abyección que ella engendra, debido solo a la falta de un edificio espacioso y cómodo donde sus tiernos corazones (y es así señores, como las pequeñas causas producen los grandes efectos), donde sus tiernos corazones puedan concurrir a recibir la semilla fecunda de la educación común que, arrojada en tierra argentina, produce, señores, el árbol generoso de la libertad.

»Sí, señores, lo digo sin vueltas ni rodeos, con la franqueza brutal de un pecho republicano, la inercia nos mata, nos consume, es necesario que la iniciativa individual, esa iniciativa progresista y salvadora, se haga sentir de una vez si queremos llegar a ser grandes y a que se nos trate con respeto, si anhelamos realizar en nuestra esfera, el gran programa del self government (o gobierno de lo propio), merced al cual las naves de la orgullosa Albión surcan hoy con sus aceradas proas los mares de polo a polo.

»Que una comisión de vecinos se constituya (y desde ya me permito proponeros su nombramiento inmediato), se constituya digo, con la misión de recabar del superior gobierno su eficaz y salvador concurso en bien de esta apartada y lejana localidad.

»Ese concurso, señores, abrigo la convicción firme y profunda, no nos ha de ser rehusado.

»Abonan mis palabras las nobles prendas de carácter del Exmo. Señor Gobernador de la Provincia, de ese ciudadano ilustre y preclaro, exaltado a las altas regiones del poder por el potente soplo de las auras populares y que, con aplauso universal, rige hoy los destinos de esta benemérita provincia, inspirándose en las fuentes del más puro y acrisolado patriotismo, faro de eterna luz a cuya sombra marchan los pueblos por la senda del progreso y de la civilización, hacia su prosperidad y futuro engrandecimiento en los siglos venideros.

»He dicho».

Se oyó un torrente de aplausos desbordante, atronador; el orador fue calorosamente felicitado por sus colegas.

Luego, sin demora y por general asentimiento, se procedió a dar forma a la idea.

A título de ser Andrés, según se aseguró, condiscípulo y amigo del Gobernador, alguien propuso que fuera aclamado el nombre del primero en calidad de miembro de la diputación.

Pero aquí, como volcando un chorro de agua fría sobre aquel loco entusiasmo:

-¿Me van vds. a permitir señores, que les dé sencillamente un consejo? -dijo Andrés con un gesto de impaciencia disimulado apenas en la corrección y cultura de sus modales.

-Sí señor, hable, hable don Andrés.

-«Déjense de perder su tiempo en Iglesias y en escuelas; es plata tirada a la calle.

»Dios no es nadie; la ciencia un cáncer para el alma.

»Saber es sufrir, ignorar, comer, dormir y no pensar, la solución exacta del problema, la única dicha de vivir.

»En vez de estar pensando en hacer de cada muchacho un hombre, hagan un bestia... no pueden prestar a la humanidad mayor servicio».

Luego, como aligerado del peso de la carga de bilis que acababa de arrojar, impasible sacó el reloj.

-Las cuatro de la tarde y ocho leguas de camino por delante. Señores, ¡queden vds. con Dios!»

Y salió con todo aplomo, dejando visco de apampado a su auditorio.

Sin rumbo: 08

- VIII -

Apenas sus amores, si es que amor podía llamarse su comercio con Donata, bastaban a llenar algunos instantes de su vida.

De vez en cuando iba al rancho, la veía, pasaba una hora con ella si la hallaba sola. Buscaba una escusa y se volvía si daba con el padre, ño Regino, un servidor antiguo de la casa, asistente del padre de Andrés en las patriadas de antaño contra la tiranía, uno de esos paisanos viejos cerrados, de los pocos que aún se encuentran en la pampa y cuyo tipo va perdiéndose a medida que el elemento civilizador la invade.

Había visto niño a Andrés, le llamaba el patrón chico y tenía con él idolatría; era un culto, una pasión.

Donata, por su parte, como esas flores salvajes de campo que dan todo su aroma, sin oponer siquiera a la mano que las arranca la resistencia de espinas que no tienen, en cuerpo y alma se había entregado a su querido.

Huérfana de madre, criada sola al lado de su padre, sin la desenvoltura precoz, sin la ciencia prematura que el roce con las otras lleva en los grandes centros al corazón de la mujer, ignorante de las cosas de la vida, conociendo solo del amor lo que, en las revelaciones oscuras de su instinto, el espectáculo de la naturaleza le enseñaba, confundía la brama de la bestia con el amor del hombre.

Andrés la buscaba, luego la quería.

No sabía más y era feliz.

Viva, graciosa, con la gracia ligera y la natural viveza de movimientos de una gama, cariñosa, ardiente, linda, pura, su posesión, algo como el sabor acre y fresco de la savia, habría podido hacer la delicia de su dueño en esas horas tempranas de la vida en que el falso prisma de las ilusiones circuye de una aureola a la mujer.

Hoy, era apenas un detalle en la existencia de Andrés.

Una cosa, carne, ni alguien siquiera. Menos aún que Bernardo, el gato, el animal mimado de su amante.

En épocas, sin embargo, solía Andrés repetir con más frecuencia sus visitas; se informaba de las salidas de ño Regino al campo o al pueblito, él mismo lo alejaba, le creaba ocupaciones, le ordenaba trabajos en la hacienda de que era el viejo capataz; mandaba parar rodeo, hacer recuentos, galopar la novillada, inventaba mil pretextos para poder estar solo con Donata, mostrándole así un apego, un interés que la infeliz en su ignorancia, aceptaba como pruebas de cariño y que eran solo en Andrés otras tantas caprichosas alternativas de la fiebre del deseo.

Sin rumbo: 09

- IX -

Una vez tuvo un antojo, un refinamiento de estragado: verla desnuda en sus brazos, dormir con ella:

-Ño Regino -dijo al viejo-, necesito que vd. me haga un servicio.

-Mande patrón.

-He comprado afuera una punta de vacas, previa vista, y quiero que vd. me las revise antes de cerrar el trato.

-Galopiaré patrón.

-¿Cuándo se va?

-Esta tarde mesmo puedo ensillar, si le parece. Le pegaré con la fresca.

-¿Y Donata?

-¿Donata dice? Se quedará no más, pues...

-¿Sola?

-¡Oh, y si no, quién se la va a comer en las casas! Ahí también le dejo al pioncito pa un apuro.

-¿Qué, no tiene miedo de dejarla sola con el peoncito?

-¿Miedo? ¿Y de que voy a tener miedo?

-Es que el muchacho ese es medio hombrecito ya, y vd. sabe que el diablo las carga...

-¡Buen gaucho pa un desempeño! -dijo soltando la risa ño Regino-. ¡Qué va a ser eso señor, si es como rejusiléo en tiempo de seca! Ni tampoco vaya a creerla tan de una vez amarga a mi hija, patrón -agregó con el ciego engreimiento de los padres-, que sea capaz de abrirle el pingo así no más a cualquiera. Dende chica la he enseñao que viva sobre la palabra como animal de trabajar en el rodeo y no es por alabarla, señor, pero me ha salido medio halaja la moza.

-Bueno, ño Regino -dijo Andrés sonriéndose él también-, vaya con Dios, alístese y vuelva por la carta orden.

Sin rumbo: 10

- X -

A eso de las diez de la noche, Andrés se apeaba en un bajo y ataba su caballo a unos troncos de duraznillos.

Era cerca del rancho de Donata.

Gaucho había salido al trote, a recibirlo. Pero Gaucho no le ladraba ya; era su amigo ahora.

Medio arrastrándose por entre el pasto, agachando la cabeza y meneando la cola de alegría, le lamía las manos, lo olfateaba.

Un momento después, ambos se dirigían a la casa.

El muchacho dormía tirado en la ramada.

Donata, prudentemente, solo había dejado abierta la ventana que miraba al lado opuesto. Andrés pasó por esta y entró.

Un olor a claveles y mosquetas, con mezcla de malva y yerbabuena, zahumaba la habitación.

Bajo la imagen santa y entre los dos floreros adornados con las flores del jardín, ardía una vela de sebo:

-¿Por qué has dejado luz?

-Por tata -contestó ella acurrucada entre las sábanas-, siempre que se ausenta prendo una para que la virgen lo ampare.

-¿La virgen? Hombre no me parece mala la idea... Quiere decir que si le prendieras dos, te vendería su protección, por partida doble... A no ser que tu virgen sea una virgen tramposa, capaz de robarte la plata. Voy a ponerle otra más.

Y diciendo y haciendo, pasó a la pieza contigua, encendió un fósforo y volvió poco después acercando repentinamente al rostro de Donata la vela que traía en la mano.

-¡Apague eso D. Andrés, basta con una! -exclamó ella llena de vergüenza, tapándose hasta la cabeza y dando vuelta hacia el lado de la pared, mientras un ligero temblor, una emoción, alteraba el timbre puro y cristalino de su voz:

-No señor ¡han de ser dos!

Luz era lo que quería.

Luego, desde una silla, desnudándose:

-¿A que hora se fue tu padre?

-A la oración.

-¿Y se habrá ido de veras ché? -siguió en tono de broma, haciéndose el que no las tenía todas consigo- ¡no sea el diablo que se nos aparezca de pronto!

-Solamente -Dios lo libre y lo guarde- muerto lo traerían! ¡Tratándose de servir a su patrón chico cuándo sabe andar con mañas el viejo!...

Al oírla, algo como la sombra de un remordimiento cruzó la mente de Andrés, un instante inmóvil y pensativo.

Pero alzándose luego de hombros, con un gesto de forzada indiferencia, como queriendo sacudir pensamientos enojosos:

-Hazme lugar -dijo a Donata y bruscamente se metió en la cama.

. . . .

Miró el reloj, eran las once y media:

-Mi hijita yo nunca duermo con luz. Creo que tu virgen puede darse ya por satisfecha. Con tu permiso, voy a apagar las dos velas esas que me están cargando.

A oscuras, quiso dormir; imposible.

Las sábanas, unas sábanas de hilo grueso y duro, impresionaban desagradablemente su piel habituada a la batista.

La atmósfera encerrada de la pieza, el aroma capitoso de las flores, alterado por un hedor penetrante a paveza, lo mareaba, le sublevaba en ansias el estómago.

Repentinos tufos de calor le abrazaban la cara, la cabeza. La vecindad de Donata, sus carnes frescas y mojadas de sudor, ya un brazo, el seno, una pierna, el pie que Andrés, en su desasosiego constante alcanzaba a rozarle por acaso, bruscamente lo hacían apartarse de ella como erizado al contacto de un bicho asqueroso y repugnante.

Sentía una picazón, un insoportable escozor en todo el cuerpo. Un instante llegó a creer que las chinches lo estaban devorando; encendió luz y miró: no encontró nada.

Excitado, sin embargo, inquieto, febriciente, se movía, sin cesar de un lado otro, se revolvía desesperado sin poder pegar los ojos, se acostaba de espaldas, sobre el flanco, se quitaba las sábanas de encima, sacaba las piernas fuera del colchón.

¡Ah! su casa, su cuarto, su cama, el aire puro de sus balcones abiertos!...

Bien merecido lo tenía; ¡qué demonios le había dado por meterse en un rancho miserable a dormir con una china!...

Al fin, no pudiendo aguantar más aquel infierno, de un salto se levantó, fue y abrió la ventana.

Junto con la luz pálida de la luna, entró la brisa fresca de la noche.

Como un sediento, abrió la boca y se puso a beberla a tragos.

Después, en la penumbra, miró a Donata. Las sábanas colgaban de la cama. Estaba desnuda toda; dormía profundamente, como un tronco.

¡¡Uff!! -hizo Andrés, y agarrando en montón el bulto de su ropa, huyó de allí, salió a vestirse fuera.

Sin rumbo: 11

- XI -

Era de noche aún.

Una de esas noches de Abril diáfanas y serenas, en que el cielo alumbra acribillado de estrellas como si el globo de la luna, hecho pedazos, se hubiese desparramado por las tinieblas.

De vez en cuando, se oía el ruido de las tropillas, el cencerro de las yeguas maneadas junto al corral.

Atados al palenque, los caballos ensillados relinchaban.

Los peones, en la cocina, alrededor del fogón, tomaban mate, en cuclillas unos, otros cruzados de piernas, los demás sentados sobre un tronco de sauce, sobre una cabeza de vaca.

Hablaban de sus cosas, de sus prendas, de sus caballos perdidos cuyas marcas pintaban en el suelo con la punta del cuchillo, de alguien que andaba a monte «juyendo» de la justicia por haberse desgraciado, bastante bebido el pobre, matando a otro en una jugada grande.

No faltaba alguno entre ellos, medio morado para el rumbo en una noche escura o muy enteramente hacienda para un pial de volcado o para abrir las piernas en toda la furia, que costeara la risa y la diversión de los otros.

Ya iba siendo hora; se alcanzaba a ver el lucero.

Y la conversación recayó sobre los trabajos de ese día: la capa, la yerra.

A los díceres, algunos forasteros habían caído:

-Y vd. D. Contreras, ¿no es que andaba medio mal con el patrón?

-Qué le hemos de hacer al dolor, amigo, los hombres pobres necesitamos de los ricos.

Era el chino de la esquila; se había presentado a Andrés en la tarde del día anterior:

-Sé que está con miras de herrar patrón, y vengo a que me dé trabajo.

-No has de andar con buenas intenciones tú -se dijo aquel fijándolo con desconfianza; luego:

-Tengo completo el personal -secamente le contestó.

-El mayordomo -insistió el otro-, me había informado de que faltaba un peón de a caballo...

-Bueno, amigo, vaya y desensille; mañana trabajará -repuso Andrés, cambiando repentinamente de resolución, solo a la idea de que el chino pudiera llegar a figurarse que él le había tenido miedo.

Por una de las ventanas de la capilla, como, entre ellos, llamaban los peones de la estancia al pabellón de Andrés, acababa de verse luz.

Villalba, el mayordomo, llegó a la puerta de la cocina:

-Vaya, pues; ya está despierto el patrón, ¡a ver si suben a caballo y salen de una vez! -dijo dirigiéndose a los peones los que pocos minutos después se perdían en rumbos diferentes.

A medida que iba amaneciendo, se oía a la distancia los alaridos de la gente.

La hacienda, hilada, disparaba, semejante entre las sombras mal disipadas aún, a una bandada de enormes cuervos volando a ras del suelo.

El campo estremecido temblaba sordamente, como tronando lejos.

A eso de las seis, los animales paraban en el rodeo. Algunos caminaban, iban y venían; las madres mugían en busca de sus hijos; los extraviados de las mismas puntas se juntaban; los más pesados se habían echado.

Sobre la extensa faja multicolor que dibujaban, solía alzarse la maciza corpulencia de algún toro trabajando, mientras de trecho en trecho, los peones escalonados, inmóviles, parecían como los postes de un corral.

El señuelo, cincuenta colorados con un madrino negro de cencerro, pastaba a pocas cuadras.

-Puede ir principiando Villalba -mandó Andrés que en ese momento llegaba de galope.

El mayordomo a su voz, haciendo cordón seguido de la peonada, atropelló, bruscamente cortó una punta del rodeo y con la ayuda del señuelo, entre todos la arrearon al corral.

Cuatro hombres entraron a caballo y ocho a pie, cerrando estos la tranquera junto a la que varias marcas se enrojecían al calor de una enorme fogata de osamentas.

Pronto todo ya, se dio comienzo al trabajo.

Los cuatro de a caballo sacaban de entre la hacienda, recostada contra la palizada del corral, otros tantos terneros enlazados.

Los de a pie, echando berija, los pialaban y, cuando del cimbronazo no alcanzaban a darlos contra el suelo, prendidos de la cola los volteaban a tirones.

Una vez caídos y maneados, el mayordomo marcaba.

Al asentar el fierro, un humo negro y denso se desprendía, el cuero chirriaba, el animal bramaba de dolor.

A los más grandes un viejo los castraba; y había de ser viejo, sus años garantían la operación.

El calor, el encierro, los golpes que llevaban, la vecindad de los hombres, el tumulto, provocaban el enojo de algún toro o de alguna vaca vieja que, solos se cortaban del montón, agachaban la cabeza, olfateaban la tierra, la escarbaban, sacudían las astas y atropellaban bufando.

El corral se trasformaba entonces en una plaza; el trabajo se convertía en una lidia.

Al grito de «¡guarda!» los peones azorados daban vuelta, cuerpeaban al animal, corrían, gambeteaban. Muy apurados, ganaban los postes o se echaban de barriga, chuleándolo por fin en medio de una algazara salvaje, infernal, así que lograban salvar el bulto.

Un toro hosco, morrudo y bien armado, se mostraba, sobre todos, emperrado, recalcitrante.

Varias veces había hecho zafarrancho entre la gente:

-Pónganle el lazo a ese y métanle cuchillo en la berija a ver si se le quitan las cosquillas -ordenó Andrés caliente con el animal-. Para mejor -agregó dejándose caer al corral-, ¡es más criollo que un zapallo y más feo que un viento de cara!

No bien oyó la orden de Andrés, sin hacérselo decir dos veces, Contreras castigó, cerró las piernas, revoleó y enlazó al toro de las astas.

Este, furioso, se le fue encima, llegando a peinar de un bote la cola del caballo.

Luego, de revuelo, enderezó al grupo donde se encontraba Andrés, en ese instante de espaldas, hablando con Villalba.

Con toda intención el chino hizo pie echado sobre el pescuezo de su montura. El lazo, roto en el tirón, azotó el aire, pasó silbando como una bala:

-¡Guarda, patrón! -se apuraron todos a gritar cuando el toro, sobre Andrés, humillaba ya para envasarlo, pudiendo apenas éste trepar a los palos del corral, no sin antes tener partido el pantalón de una cornada:

-¿Por qué no le has dado lazo? Es esta la segunda vez que tratas de madrugarme, canalla... ¡no te mato de asco!... -exclamó Andrés trémulo de rabia.

Nada contestó el gaucho. Se le vieron solo blanquear los ojos en una mirada de soslayo, traidora y falsa como un puñal.

Sin rumbo: 12

- XII -

El frío picaba ya; los días se acortaban.

Parecía ser hora de sol alto, cuando rápidamente oscurecía y la noche llegaba sola, triste, negra, eterna hasta la mañana siguiente.

En un último esfuerzo del calor, el pasto, regado por los aguaceros de otoño, empezaba a querer brotar. En vano; las primeras heladas lo mataban chiquito; el campo, cubierto por el manto de vidrio de la escarcha, como envuelto en un sudario amanecía blanqueando, mientras los árboles en la quinta perdían sus hojas una a una y mostraban el enredado laberinto de sus gajos secos, sobre el que las altas siluetas de los álamos se destacaban como esqueletos de gigantes.

Era a principios de Mayo.

Andrés había ordenado que le alistaran su carruaje para la mañana siguiente.

Se volvía.

Donata, a caballo, seguida de Gaucho, había llegado a la estancia.

Con pretexto de entregar la ropa de Andrés, que ella lavaba, subió al piso superior donde se encontraba aquel preparando su balija:

-¿Es cierto lo que me ha dicho Tata, D. Andrés? -preguntó desde el umbral, tímidamente, bajando la vista, mientras en un movimiento nervioso y maquinal, retorcía el pañuelo entre sus manos, un pañuelo blanco de algodón.

-¿Qué te ha dicho?

-Que vd. se va mañana.

-Es cierto.

-¿A la ciudad? -repuso ansiosa.

-Sí, a la ciudad, ¿y de ahí?

No obstante todo su empeño por disimular la pena que la embargaba, un estremecimiento agitaba sus labios, poco a poco los ojos se le preñaban de lágrimas.

Al fin, siéndole imposible dominarse silenciosamente se llevó el pañuelo a la cara.

Un gesto de contrariedad y de impaciencia asomó al rostro de Andrés:

-¿Esas tenemos? Mira, mi hijita, déjate de venir a fastidiarme, a mi no me gustan las mujeres lloronas -dijo duramente-. ¿Qué, te sorprende que me vaya, ignoras que los inviernos los paso en Buenos Aires, a qué vienen esos llantos, entonces? Sobre todo, si me voy, no es para no volver... ¡Sabe que le había dado fuerte a vd. mocita!... -siguió con gesto menos seco y como movido a lástima al contemplarla-. ¡Por qué no dice que quiere que me la lleve a vd. también!... Es lo único que le faltaba... -Y dirigiéndose a la mesa de luz a encender un cigarrillo-: vaya, amiga -agregó en tono alegre y juguetón-, nada de zonseras ni de historias, sea discreta y ayúdeme... A ver, ponga ahí encima esas camisas.

-¡Qué va a ser de mí, Virgen Santa! -murmuró Donata entre sollozos.

-¿Qué va a ser de ti? Nada, pues, hija; vas a quedarte aquí tranquilamente con tu padre hasta que vuelva yo.

-¡Ah! D. Andrés, pobre de mí, vd. me ha hecho desgraciada, ¡qué va a decir tatita!...

-Que yo te he hecho desgraciada, que qué va a decir tu padre... Francamente, no te comprendo Donata, veamos, explícate, ¿qué es lo que te pasa?

-¡Qué me ha de pasar, que estoy embarazada!...

-¡Zas! -soltó Andrés, medio queriendo inmutarse-. ¡Sería la primera vez! -agregó como hablando solo, mientras una ligera alteración en el eco de su voz parecía acusar la impresión extraña y nueva que le habían producido las palabras de Donata-. Mi hijita, te equivocas... no puede ser... o por lo menos, es muy difícil -siguió visiblemente preocupado, a pesar de la tranquila seguridad que afectaba-. De todos modos -acabó por exclamar resueltamente, después de un momento de silencio-, lo que sea será... ¡no te aflijas, aquí estoy yo!...

Y en un espontáneo y generoso arranque, acercándose a su querida, la atrajo y le dio un beso.

Ella, entonces, más conforme:

-¿Y cuándo piensa volver? -se aventuró a preguntar.

-Pronto, dentro de un mes, antes acaso. Entretanto, te lo repito, puedes estar tranquila, que yo no te he de dejar desamparada. Ahora, véte, retírate, no ha de faltar quien ande hablando, si ven que te quedas mucho tiempo aquí conmigo -pretextó, y, sintiendo la necesidad de quedarse solo, la despidió con dulzura acompañándola hasta la puerta.

-¡Bien podría el diablo haber metido la mano!... Pero... ¿y las otras, entonces, las mil otras?... ¡Bah!... otra cosa es con guitarra... -pensó-, ¡muy baqueteadas, las otras!...

Sin rumbo: 13

-XIII-

Reñido a muerte con la sociedad cuyas puertas él mismo se había cerrado, con la sociedad de las mujeres llamadas decentes, decía, por rutina o porque sí, con una fe más que dudosa en la virtud, negando la posibilidad de la dicha en el hogar y mirando el matrimonio con horror, buscaba un refugio, un lleno al vacío de su amarga misantropía, en los halagos de la vida ligera del soltero, en los clubs, en el juego, en los teatros, en los amores fáciles de entretelones, en el comercio de ese mundo aparte, heteróclito, mezcla de escorias humanas, donde el oficio se incrusta en la costumbre y donde la farsa vivida no es otra cosa que una repetición grosera de la farsa representada.

Sin rumbo: 14

- XIV -

Pocos días después de su llegada a Buenos Aires, se hacía en Colón un ensayo general de «Aida», ópera de estreno de la gran compañía lírica italiana contratada por el maestro Solari.

Andrés, a título de viejo camarada del empresario, tenía acceso libre, vara alta en el teatro. Ocupaba cada año uno de los palcos de la escena.

A lo ancho del negro pasadizo que del vestíbulo llevaba a bastidores, un tabique portátil de madera había sido atravesado.

Los profanos, apeñuzcados, porfiaban por entrar, apuraban el recurso de sus cábulas:

-¿Qué, ya no me conoce vd. a mí?

-¡No embrome, compañero, que le cuesta!..

-Este viene conmigo, ché, déjelo pasar...

-¿Está Solari adentro? yo soy su amigo, hágalo llamar, dígale que fulano lo busca...

Tiempo perdido.

El portero, sordo, inexorable, con cara de rabia obstinadamente les cerraba el paso:

-Tengo órdine del siñor impresario para non decar entrar a naidie.

En esas, atinó a llegar Andrés.

No sin trabajo había logrado abrirse camino hasta allí.

El italiano se hizo a un lado al verlo, se sacó el sombrero y solícito, obsequioso, con gesto zalamero y mirada derretida:

-Pase, Sr. D. Andrés -dijo.

Un coro de destempladas protestas y de insultos acogió la odiosa excepción del empleado, mientras por entre una doble hilera de músicos y de coristas, y una nube espesa de humo hediondo a tabaco italiano y a letrina, Andrés llegaba al fondo del zaguán, doblaba a la derecha y se metía en su palco.

Todo en la escena estaba dispuesto.

Un telón viejo había sido corrido ocultando el paredón del fondo.

A uno y a otro lado, hacia la sala, varias sillas se veían reservadas a las primeras partes.

La luz de tres brazos dobles de gas encendidos sobre la orquesta, al flotar indecisa por las tinieblas desiertas del edificio imprimía a este un sello extraño, fantástico imponente.

Vagamente, en la penumbra, el angosto y profundo coliseo despertaba la idea de una boca de monstruo, abierta, enorme.

Por entre los últimos lienzos empezaban a asomar las cabezas mugrientas de los comparsas.

Un hombre, el avisador, distribuía los cuadernos en los atriles de la orquesta, mientras largo a largo por el tablado, preocupado y solo, el empresario esperando la hora se paseaba:

-Cómo está, mi querido maestro -preguntóle Andrés con acento cariñoso, abriendo la rejilla de su palco.

-¡Oh! D. Andrés, tanto gusto de verlo -exclamó Solari y se acercó.

Luego, sacudiendo la mano de su interlocutor.

-¿Qué tal, cómo va?

Y sin esperar, «bien ¿y vd.?»

-¿Qué dice ese bravo elenco?

-Es de cartello, sabe... yo le garanto... los primeros artistas... el cuartetto de la «Scala», no hay qué decir...

-Sí, pero no veo figurar en él, ni a Gayarre, ni a Masini, de quien vd. nos hablaba, ¿creo?

-Y qué valen, ni Masini, ni Gayarre confronto de Guadagno... esta es la cosa... dos enanos y un coloso.

-Qué diablo de maestro este -murmuró Andrés y se sonrió- Pero... y la Patti -agregó-, o en su defecto, la Albani o la Van Zandt, ¿no era que alguna de las tres iba a venir?

-La Patti, la Patti... pide cincuenta mil francos por noche, la Patti... ¡esta es la cosa!

-¿Y la Albani?

-¡Andata!...

-¿Y la Van Zandt?

-¡Un mosquito!...

-¿No nos la trae, entonces?

-No, pero les traigo a una Amorini, esta es la cosa.

-¿Amorini dice? No sé quién es.

-Artista joven, magari, pero una celebridad, órgano estupendo, talento inmenso. Acaba de hacer un fanatismo, pero, un fanatismo loco en la Scala... esta es la cosa.

-Déjese de fanatismos y vámonos al grano: ¿es bonita?

-Roba fina, ¡un bombón!... Pero, ¡honesta, sabe!... ¡Oh! por esto, yo le garanto, una señora... Viene con el marido, el conde Gorrini, de Florencia.

-¡Ah! ¡ah!... ¿Y la contralto?

-¿La Machi? ¡Espléndida, un vozón!

-¿Y?...

-No hay tampoco qué pensar. Es hija de familia ella, la mama la acompaña.

-Bueno, bueno, bueno... ¿como quien dice dos Lucrezias? Pero... ¿me presentará, supongo?

-¡Ah! ¡cómo no! Yo siempre soy gentil con mis amigos...

-¡Buen pícaro es vd.!

Entretanto, al ruido de una campana que el butafuori acababa de hacer oír entre telones, los músicos iban ocupando sus lugares, sacaban sus instrumentos, los afinaban en un desconcierto agrio, irritante.

Las masas, coristas y comparsas, relegadas al fondo del escenario, hablaban bajo.

Los artistas de sombrero a un lado y bastón de puño de marfil, se ensayaban a media voz, examinaban el teatro como por encima del hombro, iban y venían afectando darse un aire de importancia.

De pronto, se oyó un murmullo, un cuchicheo; los grupos se abrieron con curiosidad y con respeto, la atención general quedó un momento en suspenso.

Era la prima donna, la célebre Amorini que triunfalmente hacía su entrada envuelta en pieles y terciopelo.

Solari al verla, anticipándose, le ofreció galantemente el brazo, la trajo y la sentó en la primera silla de la derecha junto al palco donde se hallaba Andrés.

Ella, sonriente y majestuosa, con esa majestad postiza de las reinas de teatro, en la que asoma siempre una punta de oropel, distribuía graciosos saludos de mano y de cabeza a sus compañeros, entre los que descollaba la gigantesca corpulencia de Guadagno.

Alta, morena, esbelta, linda, sus ojos hoscos y como engarzados en el fondo de las órbitas, despedían un brillo intenso y sombrío; el surco de dos ojeras profundas los bordeaba revelando todo el fuego de su sangre de romana.

Desnuda, se adivinaba en ella la garra de una leona y el cuerpo de una culebra.

Andrés, mientras los otros se acercaban a saludarla, la envolvió en una larga mirada escudriñadora y codiciosa.

Luego, en una seña, solicitando de Solari el cumplimiento de su promesa, instintivamente inclinó el cuerpo hacia afuera sobre el antepecho del palco:

-Señora Amorini -dijo el empresario-, vd. me va a permitir... este caballero desea hacer la relación de vd.

Y después de presentarlo:

-Uno de mis amigos más queridos del Río de la Plata.

Cambiadas algunas frases banales:

-No era vd. señora, una extraña para mí -empezó Andrés-. He tenido antes ocasión de admirar todo su hermoso talento.

-¡Ah! ¿sí, dónde? -preguntó con interés, volviendo a medias la silla.

-Donde se hizo vd. oír antes de cantar en la Scala.

-¿En Cremona, hace dos años?

-Justamente, hace dos años, en Cremona.

-Caro quel Cremona!... Fue un continuo triunfo para mí. El público me adoraba... Pero entonces, señor -prosiguió-, ¿somos dos viejos conocidos nosotros?... ¿Podría atreverme a esperar que, de hoy en más, quiera vd. ser un amigo para mí?

-Señora...

-Vivo en el «Hotel de la Paz» Mi marido y yo, tendremos muchísimo placer en que vd. se digne honrarnos con sus visitas -agregó designando a un hombre que en ese momento se acercaba.

Era joven, blanco, fresco, bonito, de bigotito negro retorcido; fumaba cavours, usaba cuellos escotados y cuernos de coral en la cadena.

-¡Maestro, maestro! -llegó gritando azorado el butafuori; es imposible contener a la gente, quieren por fuerza entrar.

-He dicho que no quiero yo que nadie me pise el teatro durante los ensayos.

-Sí, pero es que van a echar la puerta abajo: son más de doscientos...

-Echarme la puerta abajo, a mí... Sangue della Madonna! -rugió Solari y, furioso, corrió hacia afuera.

Pero, ahí no más, se detuvo, pareció reflexionar y un momento después, girando tranquilamente sobre sus talones:

-¡Eh!... déjelos, hombre -exclamó con aire resignado y manso-. Qué le vamos a hacer... no los puedo echar, esta es la cosa... han de ser amigos... ¡precisa tener paciencia!...

En un instante los de afuera, como muchachos que salen de clase, pataleando, invadieron los palcos y la platea.

El ensayo entretanto había empezado.

El maestro Director caballero Grassi, como rodando por entre los atriles, no sin esfuerzo había conseguido izarse hasta su asiento.

Con la delicadeza con que un pintor de miniaturas maneja su pincel, empuñaba la batuta, dibujaba los últimos compases de la romanza: Celeste Aida, mientras la Amorini abandonaba su silla y Andrés, en tetê-a-tetê, quedaba conversando con el marido:

-Hermosa ciudad Buenos Aires, señor, me ha dejado sorprendido. Nunca me figuré que en América hubiera nada igual.

-¿Vd. cree?

-«La belleza de sus edificios, el ruido, el vaivén, el comercio que se observa en sus calles, esa multitud de trenvías cruzándose sin cesar al ruido de sus cornetines, producen en el extranjero una impresión extraña y curiosa, un efecto nuevo de que no tenemos idea en nuestras antiguas ciudades italianas.

»Yo amo el movimiento, la locomoción, la vida activa, los viajes.

»Por eso, con grave perjuicio de nuestros intereses, nos ve vd. en América, habiendo rehusado del empresario Gie doscientos cincuenta mil francos por la escritura que nos ofrecía para la gran estación en Covent-Garden.

»Tengo un carácter muy jovial yo -prosiguió Gorrini sin detenerse-, lo contrario de mi señora. Ella jamás sale de casa, a no ser para ir al teatro...

»Me gusta la animación, el mundo, la sociedad...

»Aquí también, según me ha informado el amigo Solari, la gente es muy alegre, ¿tienen vds. numerosos centros sociales?»

-Sí señor, es cierto, hay varios clubs.

-El del Progreso, creo, es el más aristocrático, ¿se dan en él bailes suntuosos?

-Es en el que dicen que hay más gente decente.

-Tendría vd. algún inconveniente en presentarme como socio? -preguntó el italiano muy suelto de cuerpo, con la facilidad con que habría podido pedir a Andrés el fuego de su cigarro.

-¿Presentarlo? -dijo este como no oyendo bien -y después de vacilar un segundo-: con muchísimo gusto, señor -exclamó resueltamente-, es lo más fácil.

-Otra de mis grandes pasiones ha sido siempre la caza. En el Cairo, donde mi señora y yo, pasamos un año contratados, organizábamos magníficas partidas entre amigos. Vd. sabe que el gibier, patos, perdices, becasinas, abunda de una manera extraordinaria a orillas del Nilo.

-Pues lo que es aquí tampoco falta, podrá vd. cazar hasta cansarse, dar pábulo a su pasión.

-¿De veras, dónde, lejos?

-No señor. Y, desde luego, me permito poner a la disposición de vd. una propiedad que poseo a pocas horas de Buenos Aires, donde esos bichos pupulan por millares.

-¡Bravo, bravo! -exclamó Gorrini apoderándose con entusiasmo de las manos de Andrés.

Y, efusivamente:

-Es vd. una persona muy simpática: ¡El corazón me dice que vamos a ser los dos grandes y buenos amigos!...

-Yo te he de dar amigo, a ti y Club, y bailes y patos... -murmuró Andrés entre dientes, levantándose a fumar un cigarro en el antepalco y a conversar con Solari que en ese momento acababa de golpear la puerta.

Pero la hora del baccard se acercaba.

Fastidiado, harto de las repeticiones del ensayo y no obstante las expresivas miradas de la primadonna, la corriente de simpatía, la tácita inteligencia que parecía querer iniciarse entre los dos, Andrés, después de pasar una parte de la noche en el teatro, tomó su sombrero y salió con intención de ir al Club.

Mientras por el largo zaguán y lejos ya de la escena, se dirigía a la calle, entre una espantosa, atroz, infernal explosión de ruidos, confusamente alcanzó a distinguir a voz de Grassi que se desgañitaba gritando:

-Questa non é una banda di música... questa é una banda di assassini!...

Sin rumbo: 15

- XV -

En el Club, los hombres serios, los pavos, lectores de diarios de la tarde y jugadores de guerra y de chaquete, poco a poco habían ido desapareciendo.

Sus mujeres y sus nanas temprano los obligaban a ganar la cama.

Los muchachos, los nuevos, de vuelta a sus corridas, el ánimo ligero, el apetito azuzado, de a cuatro trepaban los escalones, iban a parar al comedor.

Acá y allá, por las salas de juego, la guardia vieja, media docena de recalcitrantes emperrados -de los del tiempo de la otra casa- entre bocanadas de humo y tragos de cerveza, mecánicamente echaban su sempiterna partida de Chinois, cantaban sus quinientas.

En un rincón, a media luz, una mesa redonda y una carpeta verde esperaban.

Eran las doce; una hora más, y «se iba a armar la gorda».

Andrés, en vena esa noche, por excepción solo alcanzó a perder diez mil pesos.

Sin rumbo: 16

- XVI -

Dos días después tuvo lugar el debut.

El teatro lleno, bañado por la luz cruda del gas, sobre un empedrado de cabezas levantaba su triple fila de palcos, como fajas de guirnaldas superpuestas, donde el rosado mate de la carne se fundía desvanecido entre las tintas claras de los vestidos de baile.

Encima, la cazuela, inquieta, movediza, bullanguera, sugiriendo la idea de una gran jaula de urracas. Más arriba, la raya sucia del paraíso.

Tras el telón, en la escena, los egipcios y los negros de Amonasro, confundidos, hablaban, se paseaban.

De pronto, sin reparo, eran llevados por delante; dos maquinistas cruzaban al trote con un trasto a cuestas, deshacían los grupos a empujones.

Al golpe de un martillazo se agregaba una blasfemia, el crujir de la madera alternaba con las risotadas y los gritos.

El director de escena trataba en vano de imponer silencio. El escenógrafo, parado bajo el arco de boca, observaba el efecto de un lienzo nuevo, combinaba la luz con el gasista.

Los amigos de la Empresa, entrometidos, estorbaban, se mezclaban al tumulto, de paso se les iba la mano con alguna bailarina, mientras en el confuso tropel de los últimos momentos, el toque de la campana, anunciando la hora, ahogaba el eco de la voz de los artistas que desde sus camarines se ensayaban:

-Vea, mire como tiemblo -dijo la Amorini a Andrés, sola con éste en su salita; y le alargó la mano, una mano cargada de sortijas, afilada, carnosa, blanda, suave.

Era cierto, le temblaba, estaba fría.

Él, sin contestar, se la apretó con dulzura:

-¡Que vergüenza, tener miedo, vd.! -exclamó afectando burlarse de ella.

-Qué quiere... ¡amor propio de artista! Cuando se ha conquistado un nombre, se teme comprometerlo. Hoy, un debut me cuesta más que al principio de mi carera.

Y, retirando con suavidad la mano que Andrés, lejos de soltar, mantenía oprimida entre las suyas, fue y se sentó en frente, a pocos pasos.

Los ojos de aquel se detuvieron entonces en el pie de la primadonna, cuyos dedos se dibujaban calzados por los dedos de seda de la media, en la inflexión elegante de su pierna, a la vez esbelta y gruesa, que el recogido de su pollera de Aida descubría hasta más arriba de la rodilla.

Andrés la analizaba con el golpe de vista seguro y rápido de los maestros, curiosa y encendida la mirada, y el pie, y los dedos del pie sobre todo, así ceñidos, a pesar suyo lo atraían, secretamente provocaban su lascivia en un refinamiento de extravío sensual.

Pero ella:

-¿Qué mira? -dijo encogiéndose de pronto y llevándose el vestido hacia adelante.

-Lo que el público entero va a mirar... ¿Por qué me quiere privar a mí de lo que concede a todos?

-¡Oh! el público... el público no me importa... el público no es nadie por lo mismo que son todos. Sola aquí con vd., es otra cosa... no puedo... me da vergüenza... hizo la artista mimosamente, con una graciosa mueca de infantil coquetería.

La puerta acababa de abrirse empujada con violencia:

-Marietta, Marietta mía -entró diciendo muy afligido Gorrini-, van a alzar el telón, ¿estás ya pronta?

-Sí, estoy pronta ya, di que pueden empezar, voy al instante -repuso aquella despidiendo con un gesto al «primodonno».

Luego, mientras delante del espejo, emocionada y nerviosa, daba el último toque a los detalles de su toilette:

-¿Va a su palco?

-¡Cómo no!

-Sí, sí, vaya, lo miraré, su presencia me dará valor... Aunque, no -cambió después bruscamente-, quédese, voy a cantar muy mal, lo siento, no vaya le suplico, si me silban no quiero que esté vd.

Y dando un afanoso y hondo suspiro y apretándose el corazón como para que no se le saltara del pecho, salió envuelta en un amplio chal que la sirviente al pasar le había echado sobre los hombros.

-¡Loca linda!... -pensó Andrés viéndola alejarse-. Bueno... que más... le haremos el gusto!... Me iré a conversar con Solari.

En la seguridad de encontrar a éste, se dirigió a la sala de la empresa.

Era una pieza a la que el pasadizo de salida daba acceso y que había sido amueblada con trastos viejos del teatro.

Allí se refugiaba el empresario en las situaciones difíciles y allí estaba.

Sentado en un sillón monumental de yeso blanco con filetes amarillos, el tradicional sillón de los Alfonsos y de los Silva de antaño, encendía un cigarrillo negro, lo fumaba, lo mascaba, se le apagaba, lo volvía a encender, lo tiraba y sobre ese, empezaba otros.

Profundamente preocupado, ansioso, febriciente, esperaba el momento supremo de la prueba, el fallo inapelable del soberano.

La primadonna, entre tanto, acababa de entrar en escena.

Los aplausos de unos pocos saludándola, habían sido sofocados por un «¡pst!...» imponente, universal que sonó en el ámbito de la sala como si abriéndose las puertas, la hubiese cruzado de pronto una gran ráfaga de viento.

Tentado de mortificar al empresario, de divertirse un momento a costa de éste meciéndolo:

-«¡Hum! -empezó Andrés con un gesto de mal augurio-, parece que el aumento de precios va haciendo su efecto...

-¿Quieren que me arruine, entonces, que yo no viva? ¡Quieren que les dé la crema de los artistas y no los quieren pagar!...

-También tiene razón vd. en lo que dice... Pero vaya a hacerle entender razones al público... No le entran ni a garrote; lo sangran y se enoja.

-Que me subvencionen... ¡esta es la cosa!...

-Claro.

-Natural...

-Ahí van a concluir... -siguió Andrés, llamando la atención del empresario y aplicando el oído a los ecos perdidos de la escena-, aguarde... a ver si aplauden.

Nada. Hubo un silencio helado, sepulcral.

-Francamente, ¡yo soy furioso! -exclamó Solari clavando los ojos en el techo y tirando con rabia el pucho de su negro.

-Deje de estarse afligiendo antes de tiempo, hombre... mire que es maula vd... Ahora viene la romanza, espérese, puede que estalle la bomba.

En efecto, al terminar Aida su frase: «numi pietá del mio martir!» el teatro entero, como sacudido por la descarga de una pila, rompió en aplausos estruendosos, prolongados, repetidos.

Varias veces la primadonna fue aclamada:

-¡No le dije! si el público suele ser como mancarrón bichoco; lo que necesita es que se le calienten las macetas.

-Vamos a ver nosotros también; ¡ché, yo me entusiasmo! -y loco de alegría, relampagueándole los ojos, el empresario, corrió a su palco.

Durante los pasajes de efecto, se mostraba muy ufano. Mientras se cantó el tercer acto, fue y ocupó la silla del medio.

Abierta y plácida la expresión de su semblante, cruzaba los brazos sobre el antepecho, inclinaba el cuerpo hacia adelante, enviaba a los artistas la caricia de sus miradas simpáticas y sonrientes, y volviendo la cara hacia la sala, orgulloso, como diciendo al público: «¡Qué tal!» él era el primero en batir palmas.

Sin rumbo: 17

- XVII -

Hubo cena después de la función celebrando el triunfo.

En la sala de uno de los departamentos del primer piso, ocupado por la diva en el Hotel de la Paz, una mesa largamente servida había sido preparada.

La caoba de los muebles y la pana mordoré, las cortinas ajadas de un blanco sospechoso, las cenefas polvorientas, la luna turbia de los espejos, el reloj y los candelabros de zinc, los paños de crochet, la alfombra sucia y escupida, todo ese tren inconexo y charro de ajuar de hotel, hasta el papel desteñido, desprendiéndose de las paredes por las esquinas, arriba, parecían afectar un aire alegre de fiesta en la profusa iluminación de la vasta pieza.

El lugar de honor había sido reservado para Andrés.

A la izquierda de la Amorini se sentaba el empresario.

En frente, a uno y otro lado del marido, la soprano ligero y la Machi.

Venían después, pêle-mêle, Grassi, los demás artistas de la compañía y algunos italianos amigos de Solari.

El obsequio ofrecido por Andrés a la Amorini, expuesto en una de las cabeceras del salón, monopolizaba las miradas, fue, durante los primeros momentos, el tema obligado de la conversación.

Sobre un simple pie de boj, una cinta volante de violetas. En medio, las iniciales de la artista. Las letras eran de camelias blancas; los puntos, dos enormes solitarios de brillantes.

Gorrini, placentero, explicaba, insistía en alta voz sobre los detalles, elogiaba el exquisito gusto de la idea; los hombres y las mujeres contemplaban atraídos.

La Machi sobre todo, seducida, subyugada, como si la fuerza de un misterioso imán irresistiblemente determinara el movimiento de sus ojos, solo los apartaba de las piedras para fijarlos sobre Andrés.

En la expresión absorta de su rostro, algo como un mal encubierto reflejo de celos y de envidia parecía asomar.

El fuego de su mirada negra se velaba por momentos, su boca, malamente contraída en una tiesura de los labios, en vano se esforzaba por mostrarse risueña y complacida.

Y las piedras brillaban como dos pedazos del sol entrando por el agujero de una llave...

Andrés, sin detenerse en aquella muda escena, sin que se le ocurriese sospechar siquiera las impresiones que agitaban a su vis-a-vis, tranquilamente había empezado a tomar unas cucharadas de caldo.

De pronto, sintió que un pie tocaba el suyo, como solicitando su atención. La Amorini, inclinada, murmuraba disimulando sus palabras:

-Observe a la Machi, sufre, la rabia la devora.

-¿Sufre?... ¿por qué? -preguntó Andrés ingenuamente, del todo ajeno a las pequeñas miserias de aquella guerra entre mujeres.

-¿Por qué? Nada más que porque Vd. ha tenido la fineza de ser galante conmigo y ella, ¡la pobre! no ha recibido ni una flor. Porque es así no más, porque es mala y porque me odia.

-¿Sí? -repuso él maquinalmente, distraído por el expresivo avance de su vecina, mientras resuelto a no dejar pasar la ocasión que de suyo se le brindaba, adelantaba su pierna hasta rozar primero, hasta oprimir después la pierna de la prima donna, que ella no retiró.

Sin embargo, la conversación había empezado a animarse haciéndose general.

Se habló, naturalmente, de teatros y de artistas. Todos eran malos, detestables, infames, con excepción de los presentes.

Guadagno se proclamó sencillamente el primer tenor del siglo.

Solari, muy formal, aseguró que él había tenido el talento de reunir la flor y nata de los cantores.

La Scala y Colón eran hoy las dos primeras escenas líricas del orbe; Buenos Aires, el Petersburgo del arte musical.

Los elogios se prodigaban, los parabienes se cruzaban.

Se insistió acerca del éxito soberbio del estreno, bebiéndose a él muchas copas de Champagne.

La interpretación del papel de Aida fue objeto, por parte de los amigos italianos, de felicitaciones ardientes y entusiastas, que la Amorini, indolentemente apoyada al respaldar de su silla, se dignaba acoger con una benévola sonrisa de satisfacción en los labios.

El intenso sacudimiento nervioso de una noche de debut, el natural sentimiento de orgullo por el triunfo alcanzado, acaso la presencia de un hombre como Andrés, despertando todos sus secretos instintos de mujer en esos momentos de dulce y profunda lasitud que siguen al lleno de las grandes aspiraciones, daban a su semblante, a su actitud, a los movimientos blandos de su cuerpo, a sus posturas pegajosas de gata morronga, un exquisito sabor sensual.

Su boca entreabierta, mostrando el esmalte blanco y húmedo de los dientes, era una irresistible tentación de besos, sus ojos cansados, ojerosos, un manantial de lujuria.

Algo como el acre y capitoso perfume de las flores manoseadas se desprendía de toda su persona.

Pero Andrés, para quien las palabras de la prima donna habían sido una especie de alerta, halagado en su amor propio, a la vez que estimulado por la belleza tosca y vulgar de la contralto, directamente había empezado a responder a las marcadas insinuaciones de que se veía objeto, diciéndose que no era en suma de despreciar aquel macizo pedazo de carne.

Sin amor, sin querer, sin poder tenerlo, apenas movido por un débil interés carnal, esa y la otra y todas eran lo mismo.

Buscaba solo en el favor de las mujeres, de cualquiera mujer, una mera distracción, una tregua, siquiera fuese pasajera, al negro cortejo de sus ideas, al tormento de su obsesión moral.

Avezado, por lo demás, hecho a ese género de empresas, iniciado en todos los secretos resortes del amor ligero, llevaba a tambor batiente su campaña.

Mientras, dueño del campo por un lado, enredaba entre las suyas las piernas de la soprano, arrojaba a la contralto el dardo agudo de sus miradas, derramaba sobre ella como un fluido misterioso, el irresistible hechizo de sus ojos, cuya elocuencia muda encerraba un mundo de promesas.

Pero, de pronto, desprendiéndose de Andrés en un movimiento brusco:

-D'uno spergiuro non ti macchiar, prode t'amai; non t'amerei spergiuro! -lanzó la primera de aquellas dos mujeres modulando rabiosamente la frase del maestro, haciendo vibrar en su voz todo el profundo acento de despecho de que en ese instante se sentía dominada:

-Brava, brava! -exclamaron los otros en coro, extraños a la causa de aquella insólita explosión, y creyendo en una reminiscencia de artista orgullosa de su triunfo-, magníficamente, prosiga Vd. señora Amorini.

-¡Cómo es eso de prosiga Vd.! -intervino Solari con viveza, haciendo pesar sus derechos de empresario-, niente affatto! mañana hay función.

-Ya que el señor Solari se opone a que yo cante, toque Vd. señorita Machi, Vd. que es una completa profesora en todo -dijo entonces la prima donna apoyando con marcada intención sobre la última palabra.

Luego, mientras los invitados dejaban sus asientos y, en grupos, rodeaban el piano, donde la contralto correctamente había empezado a preludiar, estrechando a Andrés bajo el arco de una ventana:

-No quiero -dijo la Amorini con voz precipitada y seca-, que vuelva Vd. a mirar a la Machi como lo acaba de estar haciendo.

-¡Yo, señora!

-¡Oh! es inútil que finja. Los he estado observando y he visto todo.

-Y bien, suponiendo que así sea -repuso Andrés sin rodeos, decidido a tomar la plaza por asalto, a sacar partido del estado de nerviosa exaltación en que se hallaba la artista-, si accedo a lo que me pide, ¿qué me va a dar Vd. en cambio?

-Todo, con tal de que no vuelva a hacer el amor a esa mujer.

-¿De veras, todo?

-Todo -repitió ella con firmeza

-Espéreme sola mañana aquí.

-¿Y mi marido?

-Despídalo con un pretexto cualquiera.

-¡Sola, aquí, en un hotel!... Nos pueden sorprender, es imposible.

-Salga, en tal caso.

-¿Adónde?

-Mire, tenga confianza en mí. Mañana, a la hora que Vd. me indique, un carruaje la va a aguardar allí, a la vuelta, frente a la pared del convento -dijo Andrés designando la calle de Reconquista.

-Mañana no; mañana canto.

-Pasado mañana, entonces, a las tres.

-Pasado mañana, sea -exclamó ella como resolviéndose de pronto, después de un momento de vacilación y de duda.

-Pero, ¿me promete, no es verdad, me jura ser mío, exclusivamente mío? -insistió apretándole la mano con pasión.

-Se lo juro.

Sin rumbo: 18

- XVIII -

En la calle de Caseros, frente al zanjeado de una quinta, había un casucho de tejas medio en ruina.

Sobre la madera apolillada de sus ventanas toscas y chicas, se distinguían aún los restos solapados de la pintura colorada del tiempo de Rosas.

Sin salida a la calle, un portón contiguo daba acceso al terreno cercado todo de pared y comunicando con el cual tenía la casa una puerta sola.

Por ella, se entraba a una de las dos únicas habitaciones del frente, cuyo interior hacía contraste con el aspecto miserable que de afuera el edificio presentaba.

Era una sala cuadrada grande, de un lujo fantástico, opulento, un lujo a la vez de mundano refinado y de artista caprichoso.

El pie se hundía en una espesa alfombra de Esmirna.

Alrededor, contra las paredes, cubiertas de arriba abajo por viejas tapicerías de seda de la China, varios divanes se veían de un antiguo tejido turco.

Hacía el medio de la pieza, en mármol de Carrara, un grupo de Júpiter y Leda de tamaño natural.

Acá y allá, sobre pies de ónix, otros mármoles, reproducciones de bronces obscenos de Pompeya, almohadones orientales arrojados al azar, sin orden por el suelo, mientras en una alcoba contigua, bajo los pesados pliegues de un cortinado de lampás vieil or, la cama se perdía, una cama colchada de raso negro, ancha, baja, blanda.

Al lado, el cuarto de baño al que una puerta secreta practicada junto a la alcoba conducía, era tapizado de negro todo, como para que resaltara más la blancura de la piel.

Sobre uno de los frentes, un gran tocador de ébano mostraba mil pequeños objetos de toilette: tijeras, pinzas, peines, frascos, filas de cepillos de marfil.

Allí recibiría Andrés a sus amigas; allí esperó a la Amorini.

Al subsiguiente día de la cena y poco después de la hora fijada, el portón, abierto de par en par, se cerraba sobre un carruaje de alquiler que acababa de entrar.

Andrés, entonces, saliendo de la casa, corrió a abrir la portezuela.

Pero como la prima donna, que en él llegaba, recelosa ante el aspecto poco hospitalario de aquel sitio, mirando con desconfianza titubeara:

-Venga..., no tema... -exclamó Andrés alargándole la mano para ayudarla a bajar.

Tuvo, al poner el pie en el umbral, un gesto de sorpresa:

-¿Por qué tan lindo aquí y tan feo afuera?

-Porque es inútil que afuera sepa lo que hay adentro.

-¿Vd. vive aquí?

-A ratos -dijo Andrés y se sonrió.

Algunos instantes trascurrieron en la inspección minuciosa del recinto; en el cuarto de toilette, en el examen curioso de las telas, de los bronces, de los mármoles, de las riquezas acumuladas por Andrés.

Por fin, después de haber entornado los postigos al pasar cerca de la ventana, delicadamente tomó aquel de la cintura a la Amorini y la sentó en un diván.

Le desató la cinta de la gorra, el tapado, empezó a sacarle los guantes.

Entonces, con aire pesaroso, en un aparente tono de tristeza, como si arrepentida de lo que había hecho, un remordimiento la asaltara:

-¿Qué va a pensar Vd. de mí -empezó ella desviándole la mano con dulzura-, qué va a creer? Va a figurarse sin duda que yo soy como las otras, como una de tantas mujeres de teatro...

Un beso audaz, traidor, uno de esos besos que se entran hasta lo hondo, sacuden y desarman a las mujeres, cortó de pronto la palabra en los labios de la artista.

Estremecida, deliciosamente entrecerró los ojos.

Andrés continuó besándola. Le besaba la cara, las orejas, la nuca, le chupaba los labios con pasión, mientras poco a poco, sobrexcitándose él también, en el apuro de sus dedos torpes de hombre, groseramente le desprendía el vestido, hacía saltar los broches rotos del corsé.

Ella, caída de espaldas, encogida, murmuraba frases sueltas:

-No..., déjeme... mi marido... me hace daño... ¡no quiero!...

Débilmente entretanto se defendía, con la voluntad secreta de ceder, oponía apenas una sombra de resistencia.

Medio desnuda ya, Andrés la abrazó del talle y la alzó.

Sin violencia la prima donna se dejó arrastrar hasta la alcoba. Los dos rodaron sobre la cama.

Él seguía despojándola del estorbo de sus ropas. Ella ahora le ayudaba. Enardecida, inflamada, febriciente, arrojaba lejos al suelo la bata, la pollera, el corsé, se bajaba las enaguas.

Era un fuego.

Arqueada, tirante en la cama, encendido el rostro, los ojos enredados, afanoso y corto el resuello, abandonaba a las caricias locas de su amante, su boca entreabierta y seca, la comba erizada de su pecho, su cuerpo todo entero.

-Más... -murmuraba agitada, palpitante, como palpitan las hojas sacudidas por el viento-, más... -repetía con voz trémula y ahogada-, te amo, te adoro... más... -ávida, sedienta, insaciable aun en los espasmos supremos del amor.

Sin rumbo: 19

- XIX -

Locamente enamorada de su amante, presa de uno de esos sentimientos intensos, repentinos, que tienen su explicación en la naturaleza misma de ciertos temperamentos de mujer, sin reservas la primadonna se había dado a su pasión, y las citas en la casa de la calle de Caseros se repetían con más frecuencia cada vez.

No era, como al principio, de tarde en tarde, si sus tareas del teatro llegaban a dejarla libre, en las noches en que no le tocaba cantar, cuando los ensayos no reclamaban su presencia.

Era todos los días, durante horas enteras, siempre, sin descanso, una fiebre, un arrebato, una delirante orgía, una eterna bacanal.

Andrés, sin embargo, harto de aquella vida, profundamente disgustado ya:

-¡Cuánto más fácil es hacerse de una mujer que deshacerse de ella! -pensaba un día, mientras recostado sobre uno de sus codos, arrojando el humo de un cigarrillo, fríamente contemplaba a la Amorini en una de sus entrevistas con él.

La primadonna, después de haber pasado largas horas en brazos de su amante, se vestía.

¡Qué lejos estaba el momento en que el cuerpo de su querida, ese cuerpo que hoy miraba con glacial indiferencia, había tenido el lúbrico poder de despertar sus deseos adormecidos!

Y recordó la noche del debut, los detalles de la escena en el camarín de la cantora, las frases tiernas, las miradas, los dulces y expresivos apretones de mano cambiados en los silencios elocuentes del principio.

La veía sentada como ahora enfrente de él, envuelta entre los pliegues caprichosos de su fantástico traje, mostrando el mórbido y provocante contorno de su pierna, su pie pequeño y arqueado, cuyos dedos, como dedos desnudos de mulata, tan extrañadamente habían llegado a conmoverlo.

Sentada como ahora...

Y, sin embargo, ¡qué diferencia enorme, cuánto cambio en quince días!

¿Por qué, qué causa había podido determinar en él tan rápida transición?

¿Era el suyo uno de tantos tristes desengaños, la realidad brutal, repugnante a veces, descorriendo el velo de la fantasía, disipando el misterioso encanto de lo desconocido?

No. Joven, linda, apasionada, ardiente, rodeada como de una aureola del prestigio de la escena, qué más podía pedir un hombre como él a su querida.

Y en presencia de aquel espléndido cuerpo de mujer revelando sus encantos, ostentando todo su inmenso poder de seducción, como haciendo alarde de sus galas infinitas, deslumbrado, humillado, vencido volvía contra él sus propias armas.

Sí, él, él, no ella.

Nada en el mundo le halagaba ya, le sonreía, decididamente nada lo vinculaba a la tierra. Ni ambición, ni poder, ni gloria, ni hogar, ni amor, nada le importaba, nada quería, nada poseía, nada sentía.

En su ardor, en su loco afán por apurar los goces terrenales, todos los secretos resortes de su ser se habían gastado como se gasta una máquina que tiene de continuo sus fuegos encendidos.

Desalentado, rendido, postrado, andaba al azar, sin rumbo, en la noche negra y helada de su vida...

Pero, entonces, ¿por qué andar, por qué vivir?

Y la idea del suicidio, como una puerta que se abre de pronto entre tinieblas atrayente, tentadora, por primera vez cruzó su mente enferma.

Matarse...

Sí, era una solución, una salida, un medio seguro y fácil de acabar...

Pero la Amorini, vestida ya, había pasado al cuarto de toilette:

-Tengo un proyecto, Andrés mío -exclamó parada delante del tocador.

La enorme masa de su cabellera desgreñada y suelta, había caído como una negra túnica de pieles en derredor de su talle, se peinaba.

-¿Qué proyecto? -hizo Andrés maquinalmente arrancado a sus tristes reflexiones por la voz de su querida.

-¡Ah!¡pero un proyecto espléndido, magnífico!

Esa noche había función, era el 25 de Mayo y por primera vez en el año se cantaba «Los Hugonotes».

Ella iría al teatro temprano: él por su lado iría también, entraría y, antes de que encendieran las luces, se metería en su palco sin ser visto.

-¿Y?

-¿Y, no comprendes? Es bien sencillo, sin embargo, correré a darte mil besos, tendré la inmensa dicha de ser tuya un instante más, en secreto, entre las sombras, como dos enamorados que se aman por primera vez. ¡Qué buena farsa para los otros!... ¡Lástima, de veras, que no esté el teatro lleno! -agregó soltando el alegre estallido de una carcajada-. ¿No te parece original y tierno y poético a la vez?

-¡Uf!... -hizo él despacio.

Luego, en alta voz:

-Me parece simplemente un desatino.

-Un desatino... ¿y por qué? -se apresuró a protestar la artista volviendo de la pieza contigua y sentándose sobre el borde de la cama, junto a Andrés.

-Porque pudiendo vernos aquí libre y tranquilamente, no sé por qué nos tomaríamos la molestia de ir a hacerlo en el teatro u otra parte.

-Sí, sí, te ruego, no seas malo, di que sí...

-Imposible. Como hoy con varios amigos en el café de París.

-Busca una escusa o ve a comer después. Tus amigos te esperarán.

-No; es un capricho tonto el tuyo. No quiero.

-Y bien, suponiendo que así sea...¿no puedo tener un capricho, por ventura, un antojo, y si quiero yo...? ¡Qué te cuesta complacerme, complacer a tu mujercita que tanto te ama!... -insistió con caricias en la voz, mimosamente, inclinada sobre Andrés, pasándole la mano por el pelo y envolviéndolo en su aliento tibio.

-Pueden vernos, descubrirnos...

-¿Quién, si no hay nadie en el teatro a esa hora?

-Cualquiera, tu marido por ejemplo.

-¡Oh! mi marido... no te preocupes por tan poco: no estorba, ese. Está siempre muy ocupado cuando yo voy al teatro; come a la seis.

Pero, como asaltada de improviso por una idea:

-Qué, tendrías miedo, serías un cobarde tú... -prosiguió mirando de cerca a su querido, fijamente, con la marcada intención de herirlo.

-Miedo yo, de tu marido...

Y una sonrisa de soberano desprecio asomó a los labios de Andrés.

Luego, acentuando sus palabras con un gesto de resignación y de fastidio profundo:

-Bueno... ¡iré!... -dijo accediendo por fin.

Sin rumbo: 20

- XX -

Hacía un tiempo seco y frío.

Después de haber llovido todo el día, una de esas lluvias sordas, en uno de esos días sucios de nordeste, el pampero, impetuosamente, como abre brecha una bala de cañón, había partido en mil pedazos la inmensa bóveda gris.

Las nubes, como echadas a empujones, corrían huyendo de su azote formidable, mientras bajo un cielo turquí, reanimada por el aliento virgen de la pampa, la ciudad al caer la noche, parecía envuelta en un alegre crepúsculo de aurora.

Agitada, bulliciosa, la población había invadido las calles.

En masa, como las aguas negras de un canal, iba a derramarse a la plaza de la Victoria, desfilaba a ver los fuegos.

Fiel a la tradición, el barrio del alto invadía las galerías de Cabildo, la Recoba, las veredas.

Los balcones, las azoteas, se coronaban a su vez.

Abajo, entre el tumulto, los italianos de la Boca, encorbatados, arrastraban a sus mujeres, cargaban a sus hijos.

Dos bandas de música tocaban. La Catedral, la Pirámide, la plaza toda, resplandecía suntuosamente, en un deslumbramiento de gran café cantante, y mientras los cohetes voladores estallaban semejantes a las chispas de algún enorme brasero, los muchachos alborotados, en pandilla, disparaban a agarrar las cañas.

Insensible al encanto de las fiestas populares, antipático al vulgo por instinto, enemigo nato de las muchedumbres, Andrés penosamente iba cruzando por lo más espeso del montón.

Exasperado, maldecía, blasfemaba.

No obstante su descreimiento, su manera de encarar las cosas y la vida, se decía que algo más soñaron acaso merecerse los revolucionarios argentinos, que lo que, en la exacerbación violenta de su espíritu, calificaba de indecente mamarracho.

Por fin, codeado, estrujado, pisoteado, llegó al teatro.

Un grupo de coristas y comparsas estacionaba en la puerta.

De la boletería salía un olor rancio a viandas.

Sin detenerse, siguió Andrés por el zaguán, desierto en aquel instante y negro, como una cueva.

Allá, solamente, en el fondo, a media luz, un pico de gas pestañeaba en la corriente de aire.

Mientras iba avanzando y cerca ya de la escena, le pareció que un rumor llegaba hasta él.

Apurado, sin mirar, dio vuelta y entró a su palco donde poco después se le fue a reunir la primadonna:

-¿Hace mucho que viniste? -preguntó a ésta.

-No, recién en este momento llego, ¿por qué?

-Porque me había parecido oír antes como el roce de un vestido.

No hablaron más.

Y las escenas de la calle de Caseros, en el gran silencio del teatro despoblado, tornaron a repetirse.

Pero una voz sonó de pronto:

-¿Dónde está mi mujer?

Era Gorrini que interpelaba a la sirviente, la que sin saber qué contestar, tartamudeaba.

-¿Dónde está mi mujer? -repitió aquél duramente, fuerte.

Entonces, abriéndose la puerta del camarín contiguo -el camarín de la contralto:

-¿Busca vd. a su señora, señor Gorrini? -exclamó esta en un tono incisivo de ironía, con inflexiones perversas en la voz. Y sin dar tiempo a que el otro contestara-. Me parece que la he visto entrar allí -agregó saliendo al pasadizo y apuntando al palco de Andrés.

-¡Ah!.. -se limitó a hacer el marido y, comprendiendo, llevó el cuerpo hacia adelante con ademán de retirarse.

Pero bruscamente se detuvo, pareció reflexionar y ante una sonrisa que fue un chuzazo en boca de la contralto, estrechado, entre la espada y la pared, estalló al fin e hizo una escena.

Llamó, gritó, pateó, entró al camarín, volvió a salir, corrió por último a golpear la puerta del palco:

-Dónde está mi mujer. Marietta... Marietta... abran, corpo della madonna!... ¿no hay nadie aquí?...

Irritado a pesar suyo, sin querer estarlo, sin darse cuenta de que lo estaba, mareado, entusiasmado como se entusiasman los cobardes, al eco guerrero de su propia voz, sacudía la puerta con violencia.

Andrés, entretanto, conservando una perfecta sangre fría:

-Ni hables, ni te muevas -murmuró al oído de su querida, mientras la empujaba al otro extremo, contra la reja del palco.

Luego, abriendo la puerta:

-Estoy yo -exclamó cuadrado en el umbral-, ¿qué se le ofrece?

-¿Mi mujer?...

-¡A mí me pregunta por ella! Explíqueme más bien con qué derecho se permite vd. venir a meter las narices donde nadie lo llama.

-Busco a mi mujer...

-¡Y qué tengo yo que hacer con su mujer! Vaya a buscarla a otra parte, si se le ha perdido.

-Es que me habían dicho...

-¡Qué le han dicho... qué me importa a mí lo que le hayan dicho!...

-Perdone... disculpe vd... yo creía... -repuso Gorrini balbuciente, batiendo en retirada, visiblemente desconcertado por el aplomo de Andrés.

Todo parecía, pues, concluir allí, el peligro haber sido conjurado, cuando en mala hora para la primadonna, el marido, al volverse, alcanzó a verla cruzar corriendo el escenario.

Dominada por el miedo, confundida, había abierto la reja creyendo poder escapar por ese lado:

-¡Infame! -vociferó Gorrini y furioso, hizo ademán de arrojarse sobre la cantora.

Pero fuertemente Andrés lo había detenido ya del brazo:

-Salga -le dijo queriendo por lo menos evitar el escándalo en el teatro-, venga conmigo, nos explicaremos afuera.

Y en la creencia de que el otro lo seguiría, por entre un grupo de artistas, de músicos y coristas que habían ido llegando y que atraídos por los gritos se juntaban, precipitadamente salió él mismo.

En vano en la calle esperó cinco, diez minutos; el otro no aparecía.

Tuvo entonces una idea: ir al Café de París donde sus amigos comían, y encargar a alguno de ellos del asunto.

Sin rumbo: 21

- XXI -

Se empeñaba en desafiar a Gorrini:

-Pues señor, esto si que está gracioso, le soplas un par de bravos cuernos y, como si no le bastara al infeliz, ¡pretendes ahora agujerearle el cuero! -dijo uno de los de la rueda, el conocido más viejo y más íntimo de Andrés, una antigua camaradería de colegio-. Háganme vds. el favor -continuó dirigiéndose a los otros, afectando tomarlo a risa y a juguete-, bonito papel iba a hacer su excelencia, lucido iba a quedar saliendo a romper lanzas en descomunal combate, ¡nada menos que con todo un señor primodonno!... No te faltaba otra cosa para acabar de acreditarte ante el respetable público... Hombre, hombre, si eso ni decente es, ni serio, ni racional siquiera.

-Me tiene caliente el italiano.

-¿Has comido?

-No.

-Claro, pues, estás hablando de hambre... Atempérese S. E. tome asiento, coma y déjeme hacer. Ya verás cómo sin necesidad de que corra ni tampoco una sola gota de sangre, te arreglo yo el negocio en tres por cuatro. Gorrini es mi grande y buen amigo; respondo de todo.

-Aquí no hay más arreglo ni más nada que romperle el alma al tipo ese.

-Siempre estarás en tiempo de hacerlo, nada pierdes con esperar.

Los otros, a su vez, intervinieron, trataron de calmar, de disuadir a Andrés.

Él se obstinaba, rabioso, con una expresión arisca en la mirada, presa de una sorda crispación nerviosa.

Al fin, de mala gana, obsedido, acabó por consentir. Pero era valor entendido que, no solo no daba explicaciones, sino que por el contrario las exigía por haber tenido el otro la audacia y la insolencia, decía, de ir a golpearle el palco.

Sin rumbo: 22

- XXII -

Una hora más tarde, el oficioso interventor cruzaba la calle, subía las escaleras del «Hotel de la Paz» y llamaba a la puerta de Gorrini:

-Conozco, señor -empezó por declarar a éste muy serio, después de un expresivo y silencioso apretón de manos-, el desgraciado incidente de la tarde.

Debo agregar que Andrés, muy prevenido contra vd., ignora por completo el paso que me he permitido dar.

Si aquí he venido, es tan solo obedeciendo a inspiraciones propias y en el deseo de evitar las deplorables consecuencias a que, mal interpretado, podría arrastrar un acto de su señora, impremeditado, indiscreto si se quiere, pero perfectamente correcto en sí mismo.

-¡Oh, señor! -hizo Gorrini muy digno, alzando el brazo en un elocuente gesto de protesta.

Sí, cierto, tenía mil veces razón, las apariencias condenaban a Andrés y a la Amorini y sin embargo nada más natural, nada en el fondo más sencillo ni más fácil de explicar, que lo que entre ambos había pasado.

La serenidad y la calma cuadraban bien en ciertas situaciones de la vida, la pasión solía ser un pésimo consejero, las cosas más vulgares y más simples bastaban muchas veces a poner de manifiesto lo que, en un primer momento, podía ofrecerse al espíritu ofuscado, afectando caracteres y colores muy diversos...

-Pero, en fin, señor, ¿qué es lo que quiere vd. decir... podré saberlo? -interrumpió Gorrini dando visibles muestras de impaciencia.

-Esto, sencillamente, y me consta, porque jamás tuvo Andrés secretos para mí y porque soy su íntimo amigo. Si algo pues existiera entre la señora Amorini y él, yo sería el primero en conocerlo.

Había dispuesto ciertos arreglos en su palco. Yendo a comer al café de París, de paso, se le ocurrió ver lo que había hecho el tapicero y entró al teatro.

Mientras abría el palco y desde la puerta de su camarín atinó a distinguirlo la Amorini que en ese instante acababa de llegar.

Buenamente se acercó, hablaron, se pusieron ambos a conversar de cosas sin importancia, cuando, de pronto, oyendo que la voz de Gorrini la llamaba, sorprendida y temerosa a la vez, de que fuera censurada su conducta, de que su inocente entrevista en aquel lugar del teatro oscuro y solitario despertara las sospechas de su esposo, bruscamente, en un primer arranque irreflexivo, entró al palco y se ocultó, no obstante las instancias en contrario y las observaciones de Andrés.

Después, era tarde ya; volver sobre la imprudencia cometida habría sido declararse delincuentes sin razón.

¿Qué hacer, cómo salvarla, cuál era deber de Andrés?

Claro, negar que allí estuviera. No le quedaba otro camino y fue lo que hizo.

Lo demás, el marido lo sabía.

Hubo un silencio incómodo, violento.

Los dos, perplejos, habían bajado la cabeza, evitaban el encuentro de sus miradas.

Pero Gorrini, al fin, poniéndose de pie:

-Gracias, gracias... es vd. un caballero, un completo caballero... ¡vd. sí!... -exclamó súbitamente.

Se había apoderado de las manos de su interlocutor. En una vehemencia de expansión, calorosamente se las sacudía.

Luego, con paso agitado y seco, púsose a caminar largo a largo por el cuarto, empezó a lamentarse en altavoz.

Todo era inútil, todo para él había concluido en el mundo, el terrible golpe que acababa de sufrir lo dejaba postrado para siempre, la infame lo había hecho eternamente desdichado, en un momento había echado por tierra sus mas gratas ilusiones, envenenado su existencia, cubierto su nombre de ignominia, lo había traidoramente escarnecido, deshonrado, a él, un noble, un conde, un hijo de ilustre raza, a él que todo le abandonara, porvenir, familia, patria, que todo sacrificara por ella... y tanto y tanto que la había querido... ¡infame, infame, infame!...

Sin rumbo: 23

- XXIII -

Solari declaraba que la verdadera víctima era él.

Que el buen nombre de su teatro, la reputación de sus artistas, sufría con todo aquello, que la historia, corregida y aumentada, corría ya de boca en boca, que la compañía se desacreditaba a los ojos del público, y que quien, en fin de cuentas, salía perdiendo, era el empresario.

¡Para eso servían los amigos!...

Se preparaba a quebrar con Andrés, a recibirlo con una piedra en cada mano.

No quería saber más nada, tener tratos ni contratos con él; estaba cansado de que, de puro bueno, lo explotaran.

Inquieto y movedizo como una fiera enjaulada, esperaba a Andrés en la sala de la Empresa.

Al ver que, una vez terminada la función, salía este con la prima donna, fue y se les puso por delante:

-¿Adónde van vds.?

-A dormir -repuso Andrés-, supongo que ya es hora.

-¿Así, juntos los dos se retiran?

-¿Y de ahí, que hay con eso?

-Quisiera decirle una palabra, Andrés, -prosiguió con reserva el empresario-, ¿vd. permite señora Amorini?...

-Faccia pure...

Se lo llevó aparte y en voz baja:

-Hace mal en andar con esta. He hablado con Gorrini, yo no respondo de nada si se encuentran... Se lo aviso como amigo, no vaya a suceder alguna desgracia, sea prudente, el hombre está furioso, ¡es una tigra!...

-¿Tigra dice? -exclamó Andrés soltando una carcajada-, ¡diga más bien un carnero!...

Y volviendo a tomar del brazo a la cantora, a la vista y paciencia de todos salió con ella y se la llevó a dormir a su casa.

Al día siguiente, el marido se embarcaba... a esperar a su mujer en Río Janeiro.

Sin rumbo: 24

- XXIV -

Obedeciendo a un sentimiento de delicadeza y pundonor, siguió Andrés, arrastrando la cadena de sus amores, fue el amante titular de la Amorini durante el resto de la temporada, viviendo confesadamente con ella en el hotel.

La comunidad de esa vida, las mil pequeñas miserias de la existencia, palpadas en la estrecha intimidad de cada instante, desvaneciendo hasta la más remota sombra de una ilusión, poco a poco colmaron la medida, acabaron por operar en él una total trasformación.

Una de esas hostilidades sordas, implacables, se declaró contra la artista en el ánimo de Andrés.

La indiferencia del principio, el cansancio, el empalago que el amoroso ardor de su querida llegara a producirle, inconscientemente se habían trocado al fin en una antipatía invencible, en una aversión profunda.

Era mala, ruin, ordinaria, vulgar.

Sin dotes, sin talento, sin esos arranques secretos y misteriosos del alma, sin esa exquisita susceptibilidad nerviosa que enciende la chispa inspiradora, el fuego a cuyo calor brotan y se abren bajo otro cielo las sensitivas sublimes del arte, cantaba como cantan los bachichas, por oficio, porque sí, probablemente porque habiendo abierto la boca un día, descubrió que tenía voz.

En «Lucrezia», se abocaba furiosa con Maffio y con los otros, al pronunciar la frase: Nessuno in questa sala...

En «Faust», se remilgaba toda, se fruncía para decir: vanarella sono adesso.

Repetía las cosas al revés, como lora, no le daba, no caía, no entendía, ¡era decididamente una bruta!...

Y hasta era fea: tenía los ojos metidos en la nuca, la punta de la nariz medio de lado, las orejas mal hechas, la boca grande, los brazos flacos y las piernas peludas, como piernas de hombre.

Todo en ella había concluido por darle en cara, por cargarle, le chocaba, lo exasperaba.

Sus gestos, su figura, sus palabras, el eco de su voz, su modo de sentarse, de estar, de caminar.

En la mesa, olía la comida y usaba escarbadientes.

Además, era zurda y le daba por querer hablar en español, por llamar a Andrés anquel mío, marrido mío, querrido mío y por preguntarle si él también la amaba, de noche, en la cama.

Había momentos en que tentaciones brutales lo acometían: estrujarla, estropearla, insultarla, matarla y matarse él...

¿Qué ganaba con vivir, para qué servía?... llegaba a exclamar acariciando más y más la idea de acabar por pegarse un tiro, familiarizado ahora con ella.

Sí, desahogar su rabia por algún acto salvaje de violencia, vengarse de su suerte en su querida...

Pero una invencible y oculta repugnancia, un pudor de hombre lo contenía, desarmaba su brazo una súbita compasión.

¡Infeliz, qué culpa tenía!... ¿quererlo?...

Y arrepentido, irritado contra él mismo, humillado a la idea de su propia indignidad, pacientemente se resignaba a esperar.

No sería eterno su tormento, en suma, tendría un fin...

Solari iría a abrir el teatro en Río Janeiro; tarde o temprano se vería libre de ella.

Sin rumbo: 25

- XXV -

Buscaba entretanto mil pretextos para poder alejarse de su lado, le rehuía, mintiendo ocupaciones y quehaceres, trataba de pasar sus días fuera del hotel.

Alegaba deberes, compromisos, enfermos de su familia, amigos que se ausentaban, negocios que no hacía, citas, entrevistas, asuntos en la Bolsa que no pisaba jamás.

Se encerraba en su casa; no leía.

Exclusivista intratable, nada admitía que no fuera de su escuela, para él, no había más Dios, ni más santos que los suyos.

Quería que se cortara por lo sano, en carne cruda, verdad, realidad, vida.

Lo demás, era como asistir a una función de títeres, espectáculo bueno para idiotas y muchachos.

Apenas, de tarde en tarde, le era dado saborear algún primor, la última novedad, el último rasgo de alguno de los maestros.

Maquinalmente, donde el movimiento automático de sus piernas lo llevaba, en su escritorio, en su sala, se dejaba estar.

¿Por qué se quedaba allí, qué hacía?

Nada, no se daba cuenta, no sabía.

Era como un abotagamiento, como un letargo intelectual, pero un letargo consciente, no dormía y, sin embargo, no pensaba, la vida animal solo persistía, semejante a una máquina en reposo que tuviera encendidas sus hogueras.

Una vaga y misteriosa melancolía parecía flotar, en la atmósfera de aquella casa inhabitada de soltero. Dominaba una impresión de soledad, de tumba, entre aquellos muros encerrados; los muebles severos, viejos, lóbregas, oscuras las alfombras, las colgaduras sombrías, las tapicerías antiguas de Beavais desvanecidas, sin color, como ostentando en sus tintas desteñidas las canas de su edad.

Andrés, de pronto, salía.

En un anhelo de movimiento, en un deseo, en una necesidad de ruido y de tumulto, vagaba por las calles más centrales.

Pasaba por el club; la fuerza de la costumbre lo hacía entrar.

Nadie había a esa hora, o a nadie hablaba.

Los altos de diarios, alineados sobre la larga mesa de la sala de lectura, solían tentarlo alguna vez. Los abría, trataba de recorrerlos; pero bruscamente los hacía luego a un lado arrugando el papel con un gesto de impaciencia; se ocupaban solo de política y la política -un mercado de conciencias en la plaza de la República- le había inspirado siempre la repugnancia más franca y más cordial.

Daba orden de atar; llegaba hasta Palermo.

Aquel ridículo etalaje, aquella rueda de gente en coche, yendo y viniendo, girando apeñuzcada entre polvo, impensadamente despertaba en él la idea de un remolino de hacienda resabiada.

Los cocheros de bigote eran su bestia negra, no los pasaba, no los podía sufrir...

¡Canallas y todos tenían bigote!...

Se volvía.

A duras penas se arrastraba así hasta la hora de comer y de ir al teatro.

Durante la función, por verse libre de tener que mirar a la Amorini y por no oírla, se metía en el escritorio de la Empresa; bebía cerveza y hasta fumaba negros con Solari.

Pero a Solari ahora, le había dado por burlarse de él, lo miraba con cara de risa y le palmeaba familiarmente las espaldas, diciéndole: mi primodonno.

Irritado, exacerbado, salía entonces a la calle, iba a otros teatros, estaba diez minutos y se mandaba mudar dado a los diablos, renegando contra las empresas, llamando perros a los artistas.

Caía al Club después de media noche, al baccara su gran recurso. Pasaba horas enteras sobre la carpeta viviendo la vida artificial del jugador, excitado, nervioso, febriciente, perdiendo lo que no podía perder, pagando un olvido momentáneo al precio loco de los últimos restos de su haber.

Se levantaba al fin, mareado, abrumada la cabeza, los ojos sumidos y vidriosos, seca la garganta, oprimido el pecho, sediento de aire.

Eran, entonces, las largas caminatas, sin plan ni rumbo, al través de la ciudad desenvolviendo el recto y monótono cordón de sus calles solitarias, la sucesión interminable de sus casas saliéndole al encuentro, como mirándolo pasar en la muda indiferencia de sus postigos cerrados.

Las mismas acerbas sugestiones de su mal, más negras, más dolorosas cada vez, como recrudece el dolor en las crisis de las enfermedades sin cura a medida que la muerte avanza.

Y al respirar el aire fresco y puro de la noche, las ráfagas del viento de tierra con olor a campo y con gusto a savia, se sentía de pronto poseído por un deseo apremiante y vivo: volverse. Una brusca nostalgia de la Pampa lo invadía, su estancia, su libertad, su vida soberana, fuera del ambiente corrompido de la ciudad, del contacto infectivo de los otros, lejos del putrílago social.

Pero el recuerdo de Donata encinta de él, la idea de que un hijo, un hijo suyo iba a ser el fruto de sus tratos con aquella desgraciada, penosamente entonces trabajaba su cabeza enferma, lo afectaba.

¡Engendro del azar, obra de un capricho fugaz, de un antojo brutal en una hora de extravío, por qué nacía, a qué venía trayendo en la frente la marca impura de su origen!

Y un sentimiento complejo lo agitaba, hecho de dolor, de vergüenza, de pesar, donde se mezclaba ese secreto orgullo de la generación, el grito de la naturaleza vencedora llenando implacable y fatalmente su tarea, donde la voz ciega del cariño, de un cariño inmenso, infinito, acababa por estallar en él venciendo la resistencia de humanas preocupaciones, acallando sus alarmas, conmoviendo extrañamente todas las ocultas fibras de su ser.

Hijo natural, hijo de china... ¡qué le importaba al fin, si era su sangre!

Se daría a él en cuerpo y alma, lo querría, lo adoraría, con la adoración predilecta de los padres por el hijo que nace desdichado, haría de él una fuerza, un carácter, todo un hombre, lo avezaría a la lucha, le daría la dureza del bronce y el temple del acero.

Sobre todo, era hijo suyo, él lo impondría... El mundo, soberbio y cruel con los de abajo, era servil y ruin con los de arriba.

Un nombre, una fortuna, oro, eso bastaba, eso abría de par en par todas las puertas, daba todo: honra, talento, probidad, reputación, fama, respeto, todo lo allanaba, todo lo brindaba, llevaba hasta la alcoba de la virgen.

Insensiblemente, absorbido, caviloso, se encontraba de pronto en algún extremo de la ciudad, el Retiro, el Once, las barrancas del Sud.

Daba vuelta y deshacía lo andado.

Su orgullo luego se abatía, un desaliento lo postraba. ¿Quién era él para lanzar el anatema de su desdén sobre los otros, de dónde sacaba su influencia, su prestigio?

¡Era, acaso, en el desperdicio de las fuerzas vivas de su naturaleza, en su pasado, en ese pasado vergonzoso de desenfreno y despilfarro, que hacía estribar su estúpida altivez!

¡Qué rumbos había seguido, qué rastros había dejado, qué cosa había hecho en toda su vida, buena, digna, noble, útil, sensata siquiera!...

Y hablaba de su hijo, de formarlo y educarlo... ¡Infeliz! el hecho solo de tener por padre a un bellaco como era él, bastaba para hacer la desesperación y la desgracia de cualquiera...

Su situación de fortuna, el estado más difícil cada vez de sus recursos, recargando el cuadro de sombras negras, aumentaba la amargura de esas tristes horas de abstracción.

Él que no se había preocupado jamás de esas miserias, él que había vivido habituado a ver en el dinero solo un dócil instrumento de placer, que lo había arrojado siempre a manos llenas, sin contar, se sublevaba ahora ante la idea de la pobreza, se la reprochaba como un crimen...

Pocos días antes, por llenar sus compromisos haciendo honor a su palabra, cantidades perdidas al juego, noche a noche, en el Club, se había visto en la necesidad de hipotecar su estancia, lo único que de su herencia le quedaba.

Sus gastos, sus carruajes, sus caballos, su querida regiamente mantenida por él, todo ese lujoso tren de vida, devoraba por otro lado fuertes sumas.

Un paso más, era la ruina, la miseria, ¡el fin!...

Y deshecho, destroncado, rendido de cansancio, agobiada el alma bajo el peso del remordimiento, perseguido por la obsesión del hijo que no tenía, con la conciencia de sus treinta años de vida miserablemente malgastada, cayendo sobre él como una maldición; de día claro, muchas veces, llegaba a la puerta del hotel y atado al carro de sus amores, tiraba de la campanilla como un buey tira del yugo.

Sin rumbo: 26

- XXVI -

«Marietta:

»Aborrezco las despedidas.

»Jamás a nadie he dicho adiós. Ni aun a mi madre, muerta ausente yo de su lado.

»Las reputo un inútil sufrimiento, como un lujo de dolor, como enterrarse uno más una espina, o un puñal.

»Discúlpame, pues, si no mantengo la promesa que te hice de acompañarte hasta a bordo.

»Sé feliz y trata de volver a juntarte con Gorrini.

»Condenada a vivir rodando por el mundo como bola sin manija, te conviene un hombre. Aunque sea un hombre de paja como tu marido.

»Mal acompañada, andarás siempre mejor que sola.

»Perdona los disgustos que te he causado; mis genialidades, mis arranques, mis rarezas, y si algo te ha de quedar de mí en el corazón, trata de que sea un poco de lástima, antes que de aversión o de despecho.

»¿Nos volveremos a ver?

»¡Quién sabe!... probablemente no...

»¡Y a los infiernos abanico que se acabó el verano! -hizo Andrés como quitándose de encima un peso enorme.

Firmó, metió el papel junto con veinte billetes de mil francos en un sobre y llamó al sirviente:

-Esta carta a su dirección. Entréguela en manos de la persona misma y vaya a esperarme al Once. Tiene una hora; el tren sale a las tres.

Luego, sin perder un solo instante, atareado, con el nervioso apuro de un colegial en vacaciones, empezó a hacer su maleta.

Agarraba lo primero que le caía a mano, las medias, las camisas, los calzoncillos, metía todo al azar, lo arrugaba, lo estrujaba, lo empujaba, lo hacía caber como quien hace caber lana en los buches de un colchón.

Y con la idea persistente y fija de su hijo, devorado por la fiebre del deseo, en el ardiente anhelo de ver, de saber, sin poder esperar más, queriendo acercarse cuando menos, ya que lo era imposible llegar el mismo día, cinco minutos después corría a tomar el tren sabiendo que iba a tener que dormir en el camino.

Sin rumbo: 27

- XXVII -

Pasó la noche sentado sobre una silla en una de esas piezas de hotel de pueblo de campo, roñosas y pulguientas, mirando la cama con horror, hirviendo en chinches probablemente, sin querer acostarse ni aun vestido.

Al través de los tabiques de lienzo, llegaba hasta él el áspero ronquido del sueño de sus vecinos. Un olor acre a pucho de cigarrillo del país había filtrado por las grietas del papel, apestaba el cuarto, mientras remolineando en tomo de su cabeza sin cesar, una nube hambrienta de mosquitos dejaba oír su chirrido exasperante.

Al alba, sin poder aguantar más, abrió la puerta.

Garuaba; un agua desmenuzada, en polvo, como bocanadas de vapor condensadas en la atmósfera.

Sin un relámpago, sin un trueno, en la tristeza gris de un cielo bajo y chato, las nubes pasaban corriendo del sudeste; hacía frío.

Los peones, llegados desde el día antes del establecimiento de Andrés y levantados ya, se ocupaban en enganchar el carruaje, una especie de silla de posta ancha con pescante, tirada a cuatro caballos:

-¿Y, alcanzaremos a ponernos en el día? -dijo Andrés dirigiéndose al que hacía cabeza.

-¡Quién sabe patrón! Los caminos han de estar pesados y los arroyos crecidos. Ha llovido fuerte toda la noche.

Repentinamente tuvo una idea: preguntar; ellos eran de la estancia, debían saber, podría salir de dudas así.

Pero una secreta repugnancia lo detuvo, un inconfeso pudor de poner en boca de aquella chusma lo que tan de cerca le tocaba.

Una sonrisa, una palabra de comentario osada o desmedida, lo habría herido como un ultraje brutal, como una profanación de lo que en los trasportes de su soñado afecto, consideraba ya sagrado para él:

-Aten de una vez y péguenle sin lástima... Aunque revienten los mancarrones y quede el tendal por el camino, quiero llegar hoy a la estancia -se limitó a agregar entonces secamente, volviendo a dar orden al sirviente que cargara su valija.

Pocos momentos después, en medio de un copioso golpe de agua, el carruaje se ponía en marcha.

Penosamente los caballos lo arrastraban, forcejeaban enterrándose en las huellas de las calles convertidas en un espeso barrial.

Por entre los cristales empañados, Andrés al salir a campo abierto, tendió la vista.

El campo era un mar, las lagunas desbordadas se juntaban; desde lo alto de la loma cuya cima desenvolvía la cinta negra del camino semejante a un puente sin fin, solo las poblaciones, los montes de las estancias alcanzábanse a distinguir como islas a lo lejos.

Ni un caballo, ni una vaca; ni un pájaro, tras de la inmensa cortina de agua sacudida por el azote furioso del sudeste, descolgándose a torrentes, como empeñada en llenar el aire después de haber cubierto el suelo:

-¡Día cochino, solo esto me faltaba! -murmuró Andrés hablando solo, exasperado y rabioso ante la pérdida de tiempo que la lluvia le originaba, en presencia de ese nuevo obstáculo opuesto como de intento al colmo de sus deseos.

Maquinalmente permaneció un instante inmóvil. Miraba correr el agua a chorros sobre la tersa superficie de los cristales.

Luego, bruscamente, acostándose a lo largo de los asientos, recogió las piernas y se echó encima una manta de viaje.

Sentía el cuerpo dolorido, entumecido, por la noche sin descanso que había pasado en el hotel.

Una profunda lasitud se apoderaba de él en el monótono repique de la lluvia contra la tolda del coche. El desliz de este, blando y silencioso, sobre la tierra empapada, suavemente lo mecía. No tardó en cerrar los ojos y en dormir.

Sin rumbo: 28

- XXVIII -

Era grande su hijo, grande y poderoso.

Había vencido, había llegado, oprimía con orgullosa planta las alturas, las masas subyugadas lo endiosaban, tenía en su mano el cetro de los genios.

Y él, Andrés, su padre, lo contemplaba...

Pero incoherente luego, informe, como se borran las imágenes en un teatro de sombras chinescas, la luminosa visión se disipaba envuelta en las caprichosas redes de la fantasía, y de la vaga y opaca nebulosa provocada por el sueño en el cerebro de Andrés, repentinamente un monstruo se desprendía.

Un monstruo horrible, un enano deforme, de piernas flacas y arqueadas, de cabeza desmedida, de frente idiota.

Los músculos tirantes, inyectadas las venas del pescuezo, como a extremo de reventar bajo la piel amoratada y fofa, en el enorme esfuerzo, un sonido inarticulado atinaba solo a salir de su garganta, estridente, agrio, semejante al grito avieso de la lechuza.

Había una plaza... mucha gente.

El monstruo echaba a correr, se convertía en un chancho, retozaba, se perdía en el tumulto, entre las piernas de los hombres, bajo las polleras de las mujeres, y hombres y mujeres derribados por él, caían unos sobre otros, en montón.

Luego, más allá, en un claro, aparecía de nuevo, saltaba, era un escuerzo ahora, se hinchaba, se agrandaba; los otros se echaban sobre él, se empeñaban en aplastarlo a tacazos.

Pero Andrés desesperado lo defendía, a empujones, a golpes ensanchaba el claro, contenía a la muchedumbre, se arrojaba jadeante encima de él, le hacía un escudo con su cuerpo, y como amparan las comadrejas acosadas a sus crías se lo echaba al seno y disparaba.

Una algazara salvaje lo perseguía entonces. Gritos, alaridos, carcajadas:

-¡Su hijo, su hijo, es su hijo!

Él humillado, confundido, rojo de rubor y de vergüenza, pero lleno el corazón de amor, de un amor desnatural, insensato, de un sentimiento inhumano, imposible, absurdo, loco, afanosamente se alejaba con su preciosa y repugnante carga, seguía huyendo con el escuerzo en el seno.

La impresión de aquella piel pustulosa y fría de reptil en contacto con su piel, todo entero lo erizaba, la rechifla sangrienta, el grito atroz:

-¡Su hijo, su hijo, es su hijo! -como el cintarazo de una verga zurriaba en sus oídos.

Vacilaba, tropezaba, sin saber cómo se enredaba y caía debatiéndose en el suelo presa de una angustia horrible...

Y la grita mientras tanto se acercaba, atronadora, infernal, semejante al rugido de una ráfaga de borrasca.

Su angustia redoblaba, se arrastraba oprimido sin poderse levantar, le faltaba aire, se ahogaba, se moría.

Prodigiosamente, sin embargo, sus piernas adquirían la elasticidad y la fuerza de un resorte de acero. Volaba entonces; y zanjas, pueblos, campos, paredes, ríos, todo pasaba revuelto, turbio, confundido en una velocidad vertiginosa de bala, todo quedaba allá, lejos, a trasmano, un gran silencio se hacía, una quietud, una inconciencia poco a poco lo invadía, dulce, lenta, progresiva, como la extinción del brillo de una braza bajo la ceniza que gradualmente la cubre.

Y todo, todo era mentira. Ni él tenía hijo, ni había existido tal monstruo; el enano, el chancho, el escuerzo, eran quimeras, vanos delirios de su mente en una hora de pesadilla.

Y soñando al fin que había sido un sueño aquello, acababa por soñar que se encontraba en viaje, que se iba a Europa, que estaba a bordo, tranquilamente acostado en su camarote del vapor.

De pronto, en un balance, creyó que el buque se tumbaba. Sobresaltado, se sentó y abrió los ojos...

El carruaje acababa de ladearse, sumido hasta la maza en una encajadura vieja de carreta.

Sin rumbo: 29

- XXIX -

Había escampado.

Una raya de luz partía en dos el horizonte, se divisaba al oeste como un arco iris acostado.

Las nubes, después de descargar su enorme peso de agua sobre el suelo, livianas, se remontaban. Bajo el espacio ensanchado, la calma empezaba a renacer.

Los gallos, desde las casas, cantaban aleteando; se escuchaba a la distancia el balido de las majadas; desconfiados, los teros observaban, se hacían chiquitos en lo seco, mientras agarrando el campo por suyo, las manadas de yeguas, friolentas, con los pelos parados, retozaban entre el agua.

Era como una aurora de vida y de alegría.

Medio dormido aún, asomó Andrés el cuello por uno de los cristales:

-¿Qué pasa? -preguntó.

-Que nos hemos encajado, señor; pero no ha de ser nada, vamos a prender las cuartas.

Y metiéndose los dedos en la boca, el cochero, de pie sobre el pescante, dio un silbido agudo y prolongado llamando a los dos peones que arreaban la tropilla.

Andrés miró el reloj: eran las doce.

En medio día había andado apenas diez leguas y le faltaban otras diez.

Apuró de nuevo a su gente:

-¡A ver, esas cuartas si se mueven, parecen napolitanos vds.!... -gritó a los de la tropilla que en ese instante se acercaban.

Ellos, en silencio, se bajaron y cincharon preparando sus lazos.

Largo rato se perdió en sacar el coche. Uno de los caballos, redomón y pesado ya, no tiraba; lo mudaron. La otra cuarta se cortó en un cimbronazo a destiempo; fue necesario echarle un nudo, ponerla de dos.

Pronto todo en fin, el cochero desde arriba, revolcando el látigo, animó con la voz a sus dos yuntas, se oyó el chasquido de unos cuantos rebencazos, los animales hicieron pie, y el carruaje, en un crujido, como si lo arrancara el tirón un grito de dolor, empezó a moverse despacio, pesadamente salió de su honda encajadura y el lento viaje pudo continuar.

Más tarde, frente a una pulpería, Andrés quiso dar un resuello a los caballos, dijo a sus hombres que almorzaran.

Él mismo bajó, recordó que había pasado más de veinte y cuatro horas sin comer, prefiriendo ese largo ayuno y el pan y el pedazo de queso criollo que le iban a vender, a los guisos del hotel donde el día antes se había limitado a pedir una taza de café.

Largas horas se sucedieron luego, hastiosas, cansadoras, avanzando el carruaje a duras penas por una zona de tierras anegadizas, teniendo que relevar los caballos trecho a trecho, y solamente al caer la noche pudo llegar Andrés al arroyo limítrofe de su campo.

Allá, en frente, la ancha faja de monte de la estancia se proyectaba desigual y caprichosa sobre la recta matemática del suelo, alzándose abultada al seguir el arranque impetuoso de los álamos, deprimida en la espesura chata de los sauces y paraísos. Semejante en la penumbra a algún enorme cuerpo de animal echado.

Y cerca, a la izquierda, junto a las eses de plata del arroyo, el rancho de Donata coronaba una eminencia, quebraba en su blanco mojinete los últimos rayos de la luz crepuscular.

Los peones, de a caballo, tanteaban la hondura buscando un paso.

Andrés entretanto, atraída la mirada, se había apeado.

Una insólita impresión lo dominaba en presencia de aquel cuadro familiar a sus ojos sin embargo. Una emoción desconocida y extraña inmutaba su semblante.

De pie, junto al carruaje, paseaba la vista lentamente, obstinadamente, de la estancia a la población del puesto y de éste a aquella.

Al fin, inmóvil, absorto en la contemplación del rancho, palpitándole el pecho, apretada la garganta, como si un mundo de sentimientos se despertara en tumulto desde el fondo de su corazón aletargado, sintió que los ojos se le llenaban de lágrimas que no podía, que no sabía llorar él, el descreído...

Y la blanca imagen de su hijo atravesó el cristal turbio de su llanto.

Pero, bruscamente, al oír a su lado la voz de uno de los peones, avergonzado dio la espalda.

Su entereza, su orgullo de hombre se resistía a que lo sorprendiera así, llorando, otro hombre:

-¿Qué quiere? -dijo.

-Vamos a tener que nadar, patrón, el arroyo no da paso.

-Nadaremos.

-Pero, la volanta, es fácil que se vuelque en la mucha juria de la correntada.

-¿Y para qué están los caballos? Bájese y présteme el suyo -exclamó Andrés vuelto ya de su emoción, recobrando un completo dominio sobre él mismo.

-Se va a mojar, señor...

-¡Y de ahí, qué hay con eso!

-Como disponga, patrón, vd. es dueño.

Sin rumbo: 30

- XXX -

En un momento se había sacado las botas, el paletot, subió a caballo, resueltamente enderezó cuesta abajo y se echó al agua.

Pero, ahí no más, el caballo perdió pie, sumido, arrebatado por la corriente, mientras dejando Andrés resbalar el cuerpo por un lado, envuelta la mano izquierda en un mechón de crin, porfiaba con la rienda en la derecha por dar dirección a su montura como prendido a la caña de un timón.

Fue entonces una lucha tenaz, encarnizada.

El hombre y el bruto aparcando sus esfuerzos, corriendo juntos, en un mismo anhelo de vida, el mismo mortal azar

La inteligencia, el instinto por un lado; por el otro la fuerza inconsciente y ciega de la naturaleza desquiciada.

Andrés sabía nadar, era robusto. Con las piernas, con el brazo que le quedaba libre, se empeñaba en avanzar, hacía frente a la corriente, le metía hombro, empujaba a su caballo cuya mole lo oprimía como si de intento el arroyo se lo echara encima.

El animal, medio ahogado, paradas las orejas, el hocico abierto, entrecortado el resuello, se debatía aturdido, agitaba jadeante sus patas en un galope imposible, resoplando de sorpresa y de terror al sentir que la tierra le faltaba.

Un instante, los peones que azorados seguían desde la orilla las angustiosas peripecias de aquel drama, pudieron esperar que Andrés, suspendido y como anclado por una amarra invisible en el mismo medio del torrente, iba a lograr vencer por fin la fuerza de éste.

Después de una última, desesperada y vana tentativa, el hombre y el animal exhaustos, extenuados, como cuerpos muertos se dejaron arrastrar rodando aguas abajo.

Vueltos de una primera sensación de espanto, intentaron los peones socorrer a Andrés.

Uno de ellos se azotó.

Menos feliz o menos hábil que el primero, al caer a lo hondo, soltó las riendas, fue llevado por el agua, varias veces se le vio en la superficie, desapareció otras tantas, allá, lejos, después... ¡nada!...

Una esperanza quedaba al otro: enlazar a Andrés, ver si podía sacarlo así a la orilla.

Aunando la acción al pensamiento, sin perder un instante, armó, revoleó y tiró...

Inútilmente; el cuerpo se hundía en los remolinos, la distancia era mucha, la armada no alcanzaba.

A la altura de un brusco recodo del arroyo sin embargo, y cuando aquel hombre desalentado ya, tristemente se resignaba a ver morir ahogado a su patrón, arrojado éste fuera del cauce por el empuje mismo de las aguas, fue a chocar contra la costa y allí, en las ansias de la agonía, manoteando, acertó a enredar los dedos en una mata de juncos.

Largo rato permaneció así, desfalleciente, como muerto, adherido a la mata salvadora por la simple acción mecánica de sus músculos crispados.

Luego, recobrando a medias el sentido, con la conciencia vaga y confusa aún del peligro que corría, instintivamente y como a tientas, empezó a arrastrar el cuerpo entre los juncos, en un esfuerzo supremo, llegó a izarse hasta lo seco.

La noche entretanto había caído; una de esas noches de pampero, diáfana como una chapa de cristal en blanca y oscilante reverberación de las estrellas.

Chorreando el agua de sus ropas y duro hasta los tuétanos de frío, se encontró Andrés separado de los otros por el arroyo, solo y a pie.

Ignorando el abnegado fin de uno de aquellos infelices, y el ardor, el infructuoso empeño de su compañero por salvarlo, en un irreflexivo arranque, indignado, lo primero que cruzó por su cabeza fue volverse arroyo arriba, ponerse al habla con su gente y tratando a todos de cobardes y de mandrias, obligarlos a hacer lo que había hecho él...

¡Canallas, les enseñaría a ser hombres!...

Pero el temor de que alguno de ellos pereciera lo contuvo, la idea de que iba acaso a provocar la muerte estéril de un hombre, a sacrificar la vida de un semejante en aras de un sentimiento de venganza egoísta y ruin.

¿Qué auxilio podían prestarle, el carruaje, si es que conseguían pasarlo, un caballo?

¡Bah! tenía alientos todavía para irse a pie hasta la estancia, de nadie necesitaba, llegaría antes así!...

Agachado, divisando, miró atentamente en torno suyo, trató de orientarse por el curso del arroyo y, adivinando más bien el rumbo en que quedaba su casa, con ese tino admirable de los criollos resueltamente cortó campo.

Pero agudos sufrimientos lo atormentaban al andar, repentinas contracciones paralizaban el ejercicio de sus piernas.

Acompañados de una insoportable sensación de ardor en la epidermis, los calambres lo atacaban, le ganaban la cintura, las espaldas, el estómago, los brazos, los sentía hasta en la punta de los dedos.

Por momentos, retorcido todo entero de dolor, incapaz de dar un paso más, era obligado a detenerse.

Su ánimo no desmayaba sin embargo. Así que la violencia del espasmo había pasado y no obstante las matas espinosas, la paja brava y el cardo que le hacían pedazos los pies, redoblando sus esfuerzos, se volvía a poner en marcha.

De pronto, a corta distancia de él, oyó el ruido de un cencerro. Debía ser una tropilla. Iba a poder hacerse de un caballo...

Guiado por el sonido se acercó. Era en efecto una de las tropillas de la estancia, habían dejado maneada la madrina.

Fácilmente, habiendo parado a mano un animal embozalado, hizo riendas del cabestro y montó en pelos.

Acaso sin ese azar providencial, desesperado y postrado al fin por la fatiga, habría concluido Andrés por dejarse morir en medio del campo con una maldición en los labios...

Sin rumbo: 31

- XXXI -

Al tumulto de los ladridos, de esos ladridos ensañados y furiosos de los perros de campo cuando se acerca gente, los peones, desconfiando que algo extraordinario sucedía, se levantaron.

Varios bultos salieron, se asomaron de los ranchos, silenciosamente, entre la sombra, a ver...

Y mientras en la puerta de la habitación del mayordomo una luz aparecía, Andrés, rodeado de la jauría, como llevándose todo por delante, pasó de galope y fue a sujetar en la misma entrada de su casa:

-¡Vd., señor! -exclamó, al reconocerlo, acercándose Villalba.

Y sorprendido de verlo así: «qué le ha pasado?» preguntó.

-Nada, qué me ha de pasar... que su gente es más amarga que los zapallos cimarrones, que me he azotado al arroyo y que me he salvado gracias a ramas...

-¿Pero, cómo?

-Eso, vaya y pregúnteles a ellos... A ver -prosiguió, brutalmente, después de un corto instante de silencio-, qué está mirándolo a uno ahí con la boca abierta... muévase y abra, que no me encuentro dispuesto a pasar aquí la noche.

Sin atinar en su asombro a explicarse lo que todo aquello significaba, el mayordomo azorado corrió a su casa, trajo un manojo de llaves y abrió:

-Hágame encender luz arriba y, vd., tenga la bondad de esperarme -díjole Andrés al entrar.

Subió un momento después.

Inquieto y agitado, en cinco minutos se cambió de ropa y bajó de nuevo al comedor donde Villalba lo aguardaba.

-¿Qué novedades tiene que comunicarme? -inquirió de éste.

La hora tanto y tan ardientemente anhelada por él había llegado. Le sería dado saber por fin.

Y sin embargo, allí, en aquel instante, pendiente de las palabras de aquel hombre, cuyos labios iban a rasgar el velo de sus angustiosas dudas, una extraña cobardía, un miedo, una aprensión ajena al duro temple de su alma, bruscamente lo acometió.

Habría querido, contra las impulsiones de su propia voluntad, persistir en su cruel incertidumbre, prolongar una situación que mirara antes como un tormento insoportable, diferir, dejar para más tarde, postergar al día siguiente, indefinidamente, acaso, las revelaciones de las que hacía depender ahora su suerte, su porvenir, su vida entera y que acababa de provocar con su pregunta.

Y la voz, al formularla, le temblaba y sentía y oía al hablar los latidos vertiginosos de su corazón, como un redoble en el pecho, la trepidación de una máquina lanzada a todo vapor.

Sencillamente el otro, en su tranquilidad de empleado viejo, acostumbrado a rendir cuenta del ejercicio de sus funciones, empezó a ocuparse de la estancia, de la marcha del establecimiento, del estado, de las haciendas y de los campos.

La parición de otoño en las ovejas dejaba algo que desear; tenía señalados unos ocho mil corderos, apenas; pero había vuelto a echar los padres en Abril, estando en ese entonces el carneraje alentado todo y con ganas de trabajar, lo que le hacía esperar un resultado mejor para la primavera.

El frío del otro invierno los había atrasado muy mucho en Octubre.

Lo mismo la del vacuno, se anunciaba bien por hallarse los campos muy lindos y la hacienda gorda.

Algunas vacas andaban ya con ternerito.

Él creía que, salvo el caso de un temporal, Santa Rosa o San Francisco, con la ayuda de Dios el año iba a ser bueno.

Paseándose intranquilo, parado por momentos frente a la chimenea, los ojos en las claras llamaradas del fuego que acababa de encender Villalba, Andrés sumido en la preocupación exclusiva y profunda de su espíritu, escuchaba al empleado sin atender, sin comprender lo que éste le decía.

Las palabras llegaban hasta él en la acción puramente maquinal de sus sentidos. Iban a herir su tímpano como un ruido indiferente y vago, como suena en el oído el tumulto confuso de una calle durante las horas de agitación y de labor.

Y sabiendo que trataba Villalba de la estancia, que se ocupaba en hablar de los intereses cuya guarda estaba a éste encomendada, mal habría podido decir en el estado de obsesión moral que lo embargaba, si era favorable o adverso lo que su mayordomo le anunciaba.

Bruscamente, interrumpiéndolo:

-¿Y, nada nuevo entre su gente? -oyó con asombro que él mismo a pesar suyo preguntaba, como si saliera su voz de lo profundo de un pozo, como si una fuerza prodigiosa, alguien en él que no era él, ciega y fatalmente lo impulsara.

Un instante, recapacitando, tratando de recordar, el otro guardó silencio:

-Nada, señor; no ha habido cambio alguno en el personal. Todos, interesados y mensuales, siguen prestando como antes sus servicios.

¿Acaso no era tiempo todavía?...

Mentalmente contó Andrés los meses, los días, recordó la hora de siesta de una de esas tardes ardientes de Noviembre, el año anterior, en el puesto, cuando por primera vez tuvo a Donata.

Estaban, ahora, a fines de Agosto, sin embargo...

Y las ideas se agolparon en su mente; mil suposiciones diversas y contrarias.

¿Le había mentido por ventura, se había fingido encinta de él, ella misma al anunciárselo se equivocaba, como se equivocan las mujeres en presencia de ese eterno misterio de la fecundación?

¿Alarmada, por temor al padre, algo insensato había ideado, alguna yerba, alguna droga, algún brebaje, había tomado haciéndose abortar?

Una china vieja vivía allí cerca, fuera del alambrado, una especie de partera o curandera; nada imposible que hubiese ido a verla Donata, que en su estúpida ignorancia, hubiese cometido por consejo de aquella algún monstruoso atentado.

¿O era que Villalba, preocupado solo de la cuestión de dinero, de hablar de ovejas y de vacas, descuidaba, omitía decirle, lo que se hallaba a mil leguas de pensar, aquel imbécil, que pudiera interesarle?

Perplejo, sin saber qué creer ni qué pensar, se extraviaban sus ideas, su cabeza se perdía en un dédalo de conjeturas, y experimentando entonces la necesidad de quedarse solo, despidió a su mayordomo.

Pero éste, al retirarse y cerca ya de la puerta, con el gesto de quien de pronto recuerda algo, se volvió:

-¡Ah! señor -exclamó-, olvidaba decirle que ño Regino se nos va.

-¿Por qué? -tuvo apenas fuerza para articular Andrés estremecido, sintiendo que lo que aún le quedaba de sangre en el cuerpo afluía como una oleada a su cerebro.

-Porque anda en la mala el pobre. La hija hizo una trastada; se la embarazaron, libró ahora días y ha muerto de sobreparto.

Un golpe de maza asestado a traición no habría hecho en Andrés el efecto de estas palabras.

Estupefacto, fulo, inmóvil, toda corriente de vida pareció haberse agotado en su organismo.

Sin ni siquiera llegar a sospecharlo, el mayordomo tranquilamente siguió hablando:

-Desde entonces anda sin sombra, el viejo; vd. sabe señor que es hombre aseado en sus cosas... El bochorno por un lado y por el otro, el mucho apego que le tenía a la muchacha...

Quiere salir del pago; dice que aquí no se resuelve a estar y que se va para afuera con la nietita.

-¿Vive, entonces?

-¿La criatura? Sí, señor: Ña Felipa, la partera, es quien la tiene desde que murió la madre.

-¿Y, no sabe ño Regino quién es el padre? -interrogó Andrés, vibrando la voz en su garganta, encendiéndosele el rostro, relampagueándole los ojos en un cambio repentino, algo como una resurrección instantánea a la plenitud de la existencia.

-No señor, creo que lo ignora, que nunca se lo quiso decir la hija. Algún cachafaz, algún diablo, a la cuenta... No ha de andar lejos que sea el mismo peoncito que tenía.

Y concluyendo de formular su pensamiento:

-Si éstas patrón son como hacienda -agregó Villalba con gesto de hombre convencido-, conforme cualquiera las atropella, ahí no más se echan.

-¡El padre de esa criatura soy yo, sépalo vd., sépanlo todos, imbéciles! -vociferó Andrés fuera de sí, diciendo a gritos su paternidad, como haciendo alarde de proclamarla a voz en cuello y como si al desvanecer así las sombras acumuladas en torno de la cuna de su hija, hubiese querido a la vez acallar de un golpe las murmuraciones de los otros, poner una mordaza a aquella chusma.

-Mañana mismo, temprano, al amanecer, mande vd. atar mi carruaje y que inmediatamente me traigan a mi hija en él.

Conmovido por el intenso sacudimiento que acababa de sufrir, vaga, extraviada la mirada, los músculos contraídos, los labios tiesos, desencajado el semblante, con el gesto anonadado de quien ha visto caer un rayo junto a él, largo rato se dejó estar Andrés de pié en el medio del cuarto, una vez que hubo salido el mayordomo.

Insensiblemente se dirigió luego a la escalera y subió.

Un temblor lo estremeció, una repentina sensación de chucho al penetrar en la atmósfera glacial de su aposento.

Tiritaba friolento, helado el cuerpo, mientras como al calor de una hoguera sentía que se le abrazaba la cabeza.

Volvió los ojos hacia el lado de la estufa, se acercó, se agachó, en un ademán de autómata dio fuego a la leña que en aquella había sido preparada y, de nuevo puesto en pie, empezó a andar con paso desigual y vacilante por la pieza.

Iba y venía encogiéndose, doblado en dos, dando diente contra diente. Se tanteaba nerviosamente el pecho, las espaldas, la cintura, paseaba sus dedos agitados y febricientes sobre los brazos en cruz, se llevaba las manos a la frente, se la apretaba como queriendo impedir que saltara en mil pedazos, hachada por el dolor.

Lo aturdía un zumbido ensordecedor en las orejas, el repique simultáneo de mil campanas, las ideas se revolvían en su cabeza como barridas por un soplo de remolino: su hija, el arroyo, Donata, el frío, todo se agitaba, se mezclaba, fugaz, informe, confundido, sin que, en la inconsciencia que poco a poco lo invadía, atinara Andrés a abarcar una sola noción distinta de los hechos.

Al fin, semejante a un hombre que, agobiado bajo el peso de la carga que sus espaldas no pueden resistir, tropieza y rueda por el suelo, tambaleando, fue a dar contra la cama y cayó abrumado sobre ella.

Incapaz ya de pensar, de sentir, de sufrir, inerte, un sueño de plomo cerró sus ojos.

Y como si la frágil corteza de la carne, pequeña para tanto, débil para resistir la violencia de tamaños sacudimientos, se hubiera roto en él, como si la tremenda crisis por que acababa de pasar Andrés, sus angustias, sus quebrantos, su zozobra, hubiesen determinado un desequilibrio mortal en su organismo, la vida sensacional pareció abolida de aquel cuerpo; habríase dicho, en las contracciones repentinas y fugaces de su musculatura, que apenas la otra, la vegetativa persistía, tal cual persiste en el cadáver de los ajusticiados largo rato aun después de la ejecución.

Sin rumbo: 32

- XXXII -

El sol de la mañana siguiente, alto ya, al entrar por la ventana, dando de lleno sobre la cara de Andrés, lo despertó.

Sobresaltado, incorporándose, volvió éste una vaga mirada en torno suyo.

¿Dónde estaba, qué hacía allí, cómo se encontraba entre aquellas cuatro paredes que contemplaba sorprendido, cuyo interior desconocía en el vivo golpe de luz que lastimaba sus ojos?

Oprimiéndose la sien con las dos manos, trató de recordar, de coordinar sus pensamientos, de penetrar en un esfuerzo, en una brusca tensión intelectual, aquel enigma.

Pero un ruido extraño llegó hasta él; desapacible, displicente, semejante al rechino lejano de un eje de carreta.

De pronto, comprendiendo, recobrando como por encanto una entera conciencia de la realidad, saltó de la cama, abrió la puerta, bajó corriendo la escalera y penetró en el comedor donde una mujer vieja, amulatada, vestida de trapos chillones de zaraza, caminaba de un lado a otro sacudiendo un envoltorio entre sus brazos:

-Aquí tiene a su nena, señor -exclamó al ver entrar a Andrés y adelantándose a él y cuadrándosele por delante-: ¿qué le parece -agregó con gesto alegre y complacido, mientras le ponía bajo los ojos a la débil criatura-, es alhaja o no la mocita?

¡Eso era su hija, aquel paquete informe de carne hinchada, amoratada, la abertura que miraba allí, en el medio, redonda, húmeda, encarnada como la boca de una llaga, era una boca, unos ojos aquellas dos placas turbias, opacas, incoloras, sin expresión ni vida, una voz, un llanto humano, aquel maullido!...

Con la expresión en el semblante, mezcla de asombro, de tristeza y confusión, de quien de pronto sufre un hondo desencanto, Andrés contempló a su hija.

Hubo una lucha en él. Una curiosidad viva, irresistible, una invencible atracción lo fascinaba, lo empujaba a mirar a pesar suyo, sin poder dejar de hacerlo, a tener clavados sus dos ojos sobre aquel cuerpo de recién nacida, raquítico y miserable, mientras, instintiva mente, una secreta repugnancia, un sentimiento de inconfesa repulsión lo retraía.

Vencido al fin, subyugado por la fuerza de la sangre, acercó su rostro al de la niñita y, lloroso, enternecido, dándole un largo beso en la frente, «¡mi hija, mi hijita!...» murmuró con un mundo de caricias en la voz. «Venga, señora, suba conmigo», dijo después a la partera, pasándose el pañuelo por los ojos.

Quiso desde luego instalar a su hijita, darle su propio cuarto, su cama, rodearla de todo el bienestar de que él gozaba, con un apuro, con una instancia aprensiva y solícita de padre inquieto ya por la salud de sus hijos, temeroso de algún mal, de alguna enfermedad, de algún peligro, de uno de esos mil diversos accidentes que amenazan de continuo la vida de los niños.

Él mismo encendió la chimenea, ¡pobrecita! el frío podía haberle hecho daño..., abrió los armarios, puso a disposición de la partera toda la ropa.

¿Qué otra cosa era menester, qué más se necesitaba?

En su completa inexperiencia de hombre, de hombre soltero y libre, desligado de todo vínculo de familia, ofuscado se azoraba, no sabía, nada se le ocurría.

¿Qué entendía de muchachos él? jamás se había preocupado de esas historias...

Y le entraba un afán, una aflicción, y sentía un sordo despecho contra él mismo, como si hubiese sido un delito su ignorancia.

Pero, muerta Donata, pensó, era indispensable un ama, tratar de encontrarla por allí, en último caso, mandarla traer de Buenos Aires.

¿Cómo aquella infeliz vivía sin madre?

Se lo dijo a la partera:

-No se aflija, señor, pierda cuidao que no se ha de morir de la nesesidad -repuso ésta.

-Ya voy viendo -agregó familiarmente, con un aire de majestuosa suficiencia-, que no es muy prático usté... Si estos angelitos, patrón, de risién nasidos, son como los chingolos, con una nada se mantienen... ¡Cuándo nunca es bueno, tampoco, en los prinsipios, darles otra cosa que agüita tibia, hasta que se limpée bien la máquina! Y a chupón no más lo voy criando dende que fayesió la finada, ¡ánima bendita, Dios la haiga perdonao!

Había acostado a la chiquita sobre el sofá; se ocupaba en acomodar el cuarto, mudó las sábanas, echó mano de un alto de servilletas para pañales y, mientras atareada iba y venía, con esa locuacidad criolla, peculiar a las comadres de campo, seguía hablando:

-Acordaron tarde en yamarme. Ño Regino no más tuvo la culpa; estaba como abombao el hombre... Conforme me costié en la noche de mi casa, ya vide que íbamos a andar mal. La criatura venía muy enteramente de morosa. Ahí mesmo sebé un mate de mansaniya, le di una frotasión de asaite por el empaine a la enferma y un sahumerio de asúcar ardida en los bajos. Pero, de ande, ¡ni por esas!... los pujos eran al ñudo, la finada, que en pas descanse, crujiendo como arpa vieja, pedía a gritos, por la virgen, que le sacaran aqueyo. Maliseando que estuviese la chica atravesada, porque a mi señor naides me va a enseñar lo que son estos trajines -¡no ve que he lidiao tantísimo en mi vida!...- le acomodé a la paciente un poncho cruzao por las caderas y comensé a sacudirla juerte, boca arriba en la cama. ¡Dejuro, eso había sido no más! A los tirones, se enderesó el angelito y ya asomó la moyera y ya se refaló y ya lo resebí también y le cabesié el ombligo...

El llanto de la muchachita, un lamento desesperado y continuo, algo como el balido afanoso de los corderos guachos, interrumpió a ña Felipa en su relato:

-Venga mi sol, no yore -dijo ésta acercándose al sofá y alzándola.

Sobre sus dos manos abiertas la acostó de boca, empezó a hamacarla, a subirla y a bajarla con el movimiento de quien tantea el peso de una cosa, sin por eso conseguir que la criatura se aquietara:

-¿Qué tendrá? -interrogó Andrés alarmado, siguiendo con afán las manipulaciones de la curandera-. ¿Estará enferma, le parece?

-¡Qué enferma va estar! Es flato. Vea, patrón, me ha de haser trair unas hojitas de hinojo, de ahí de la quinta no más; un poco de leche y un calentador.

Así que tuvo todo a mano y que hubo preparado la bebida, tomó un frasco vacío de agua florida y la echó en él.

Ávidamente la niñita, entonces, adhirió sus labios al rollo de trapo que, en la forma de un pezón de mujer, cerraba la boca del frasco y, pocos momentos después, calmado su apetito, con la inconsciencia de las flores cuando hartas de luz cierran su cáliz al declinar el sol, un sueño profundo la embargaba:

-Pues, como le iba disiendo, señor -prosiguió ña Felipa reanudando el hilo de su narración-, aparesía que con el favor de Dios y la Virgen íbamos a salir de transes al fin. Pero lo que acontesió jue que la finada, de puro inorante la pobre, dende que no estaba güena toavía, se apió descalsa una ocasión, con licencia de vd., para dir a haser del cuerpo una deligensia y como que era consiguiente, ahí mesmo la agarró un pasmo. En balde fue que los dos con ño Regino la acostásemos a ver de que sudara en la cama, en balde unos untos de asaite caliente que le dimos, y hasta la mesma reis del quiebrarao, que no hay como eso patrón pa las alsaduras de sangre. Todo, todito jue en balde; Dios no quiso que viviera y fenesió a los tres días.

-¿Por qué no llamaron médico? No está tan lejos el pueblo, bien podía haberlo hecho ño Regino, en lugar de dejar morir a su hija como un perro...

-¡Médico, dise, y pa qué, cuándo estábamos por remediar nada con que se ayegara un dotor! -exclamó entonces ña Felipa, sensiblemente lastimada en su amor propio por la pregunta de Andrés.

Y, como hablando sola:

-Güenos alarifes son los médicos; pa saquiarlo al pobre y mandarlo más antes a la sepoltura es pa lo que sirven, ¡masones, condenaos!

Y en manos de aquella bestia estaba su hija, y él, el padre, lo toleraría, se conformaría a dejarla así, expuesta a que, lejos de todo centro de recurso y entregada a los cuidados de una vieja ignorante y bruta, ¡el día menos pensado se la llevara Dios!

Era necesario impedirlo a todo trance, sacar de allí a la chiquilina...

Se la llevaría, se volvería con ella a Buenos Aires, donde había médicos siquiera, y donde fácil le sería encontrar quien se encargara de cuidarla.

De pronto, recordó Andrés a la tía Pepa, una parienta suya, una hermana de la madre, que había manifestado siempre tener por él el más profundo cariño; ese cariño de la mujer vieja y soltera que no pudiendo derramarse sobre la cabeza del hijo, cae de rechazo en los sobrinos.

Sin rumbo: 33

Segunda parte

- XXXIII -

Dos años después próximamente, en uno de esos días blancos de primavera, cuando la luz del sol se derrama como un inmenso riego y la savia fermenta en las fibras de las plantas, y en ese otro parto, al fin de esa otra gestación, revientan las yemas de los brotes, Andrés, recostado en el jardín de su estancia, junto a la entrada de la casa, acababa de cerrar el libro cuyas hojas recorría.

Sus grandes ojos azules no mostraban ya el resplandor triste y sombrío que, cual un reflejo fiel del estado de su alma, los cruzara en otro tiempo alterando la ingénita expresión de su mirada y, como al través de un agua muerta se ve el fondo, en la serena trasparencia de aquellos ojos habría podido penetrarse el misterio encerrado en aquella alma.

Su hija se había acercado, agitada, ella, nerviosa, conmovida, ofreciendo en su actitud un singular contraste con la inalterada calma de su padre.

En su carita trigueña de higo de tuna, perfecta como un perfil de Meissonnier, sus ojos brillaban encendidos por la cólera, unos ojos grandes y azules también, de un azul de zafiro en la engarzadura negra de las pestañas:

-¡Papá, papá mío!

-Mi hija querida, ¿qué le pasa, qué dice vd.?

Era una triste y lamentable historia:

Mariquita -su juguete predilecto, su muñeca- tenía frío; ella la había acostado en la cama; estaba haciendo «nono» y no estaba sucia, era mentira, estaba limpia; pero Tiyita decía que estaba sucia, y era «mu» mala Tiyita, y la quería lavar con jabón a la pobre Mariquita, y ella no quería y Tiyita sí quería, ¡y ella se había enojado y le había dicho a Tiyita que no y no y no!... y venía a contarle a Papá para que también Papá se enojara y le hiciera «nana» a Tiyita con el látigo del caballo de Papá...

Todo un cuadro, una escena, una parodia de humanas tribulaciones, una trágica explosión de precoz maternidad, un proceso intentado contra la tía Pepa por sevicias y malos tratamientos a la menor de cautchuc.

Andrés entretanto, embelesado, no se cansaba de contemplar a la niñita.

Su hija, su Andrea en quien todo lo cifraba, su hija, cuya sola aparición, cuyo solo nacimiento había bastado a revelarle, a él viejo y descreído, a él cansado de vivir, el secreto de otra vida, de otra existencia desconocida y nueva: esa en la que también se sufre porque el destino es sufrir, pero se hace y se deja sufriendo y se goza dejando.

Ella, la dulce criatura que le había enseñado a amar y a perdonar, a no ver sino lo bueno en los demás, a buscar solo lo honrado y lo puro de los otros, como buscan los pulmones el oxígeno del aire.

¡Ella, en fin, su genio bienhechor, la hechicera cuyo mágico poder de encantamiento había tenido el prodigioso don de trasformarlo, de convertir sus odios en un amor infinito, amor a los hombres, a los animales, a las cosas, a él, al mundo, a todo!

-Venga mi ricura -exclamó por fin levantándose al ver que Andrea, llenos los ojos de lágrimas y la boca de pucheros, esperaba acongojada y ansiosa el fallo reparador de la justicia.

Y alzándola en sus brazos y cubriéndola de besos:

-Tiene muchísima razón vd.; es una pícara su tía, venga ¡vamos a ponernos furiosos con ella!

En vano alegaba la tía Pepa el deplorable y lastimoso estado en que yacía Mariquita, overa de hollín por habérsele ocurrido a su dueña meterla en el caño de la chimenea, al jugar con ella a las escondidas; en vano exhortaba al padre a no ceder, redoblaba sus esfuerzos en encarecer las negras consecuencias de un acto de criminal debilidad; en vano, convertido a la razón por la sana dialéctica de la tía, intentó Andrés revestirse de energía y amonestar a la niñita.

Fue necesario, al fin, que humillara la cerviz ante el poder soberano, que afectara reñir a la culpable, que fingiese castigar la, que solemnemente jurara esta no atentar en lo futuro contra la persona sagrada de la muñeca, protestando renunciar a su proyecto, el más bárbaro suplicio en el sentir de Andrea, el refinamiento más perverso de crueldad que pudiera concebir la mente humana. ¡Si lo sabría ella, infeliz!... ¡todas las mañanas la lavaban!

-Mal hecho, Andrés, muy mal hecho -insistía la tía Pepa, con esa rara sensatez de las mujeres para las cosas pequeñas de la vida-, ¡ya te pesará después, cuando sea grande!

Acuérdate de lo que te digo: esta criatura va a ser víctima de su carácter, desgraciada por su genio, y tú y nadie más que tú será el culpable...

-Pero, ¡si es tan buena mi pobre hija!

-No sostengo yo lo contrario, es cierto, tiene un corazón de ángel la pobrecita, lo que no impide que estés haciendo de ella una muchachita insoportable de mal criada.

-¿Qué, quiere que la rete, que la maltrate, que sea un tirano con ella?

-¡Dios me libre, angelito! no digo eso, sino que por el bien mismo de tu hijita, haces mal en prestarte ciegamente a todos sus caprichos y en consentirla así.

-¡Mire qué noticia, como si no lo supiera uno!... ¡Sabe que es magnífica vd. tía! Asegúremela contra incendios, garántame que no se me va a morir y ya verá como la enderezo yo, como hasta capaz soy de bajarle los calzones y de pegarle una soba en el culito... Pero mientras eso no suceda y mi hija sea mortal y me vea expuesto yo a perderla, se lo he dicho muchas veces y se lo repito ahora: pedirme que use de rigor con ella es pedirme algo imposible. ¡Déjela que haga y deshaga, mi tía vieja, no sea mala! -decía mimosamente Andrés, buscando atraerse a la tía Pepa-, que tire y rompa, y tizne a la muñeca y a vd. y a mí también, si se le antoja, que todo eso poco importa. ¡Déjela que haga su gusto en vida mientras pueda, déjela gozar que para sufrir le sobra tiempo!... -acababa por exclamar con una expresión de dolorosa y honda melancolía en el semblante.

Sin rumbo: 34

- XXXIV -

Y era eso, en medio de la felicidad de que gozaba, una alarma, una sorda aprensión, un miedo extraño, un vago y confuso terror al afrontar con la mente el porvenir, las mil vicisitudes del destino.

Pensaba en la triste condición de la mujer, marcada al nacer por el dedo de la fatalidad, débil de espíritu y de cuerpo, inferior al hombre en la escala de los seres, dominada por él, relegada por la esencia misma de su naturaleza al segundo plan de la existencia.

Y los viejos oráculos de Andrés, sus grandes maestros, Voltaire, Rousseau, Buchner, Schopenhauer, llegaban de nuevo a posesionarse de su espíritu, a reaccionar en él bajo la influencia de su antiguo escepticismo, del que no le había sido dado emanciparse por completo, del que algo había quedado en el fondo de su ser, como algo, algún vestigio queda siempre de todas las dolencias que labran profundamente el organismo.

¿Qué suerte correría su pobre Andrea, pagaría su deuda sufriendo ella también?

Su pureza, su gracia, su hermosura, todos esos pasajeros bienes de la edad florida, con que la naturaleza parece complacerse en enriquecer a la mujer a expensas de todo el resto de su vida, ¿de qué le servirían?

¿Algún ser digno, acreedor a poseerlos, algún hombre leal, honrado, bueno, iría a cruzarse por acaso en mitad de su camino?

La larga y pesada cadena de padecimientos que constituyen la herencia de las madres, los dolores salvajes del parto, los azarosos cuidados de la infancia, ¿tendrían un premio por ventura, una justa y merecida recompensa en la consideración y el afecto del marido, en el cariño y el respeto de los hijos?

Y sí, movida por el genio egoísta y avaro de la especie, dispuesto siempre a posponer el bien del individuo al logro de sus fines, ciega y fatalmente se dejara arrebatar por la pasión, llegara a darse toda entera sin condiciones ni reservas, ¿qué sería de ella después, qué quedaría de su grande, de su noble y sublime sacrificio, tarde o temprano desamparada y sola, condenada a apurar la hiel de los desengaños, abandonada por esa fuerza inexorable y cruel?

Nada; ni aun la satisfacción de un apetito carnal torpe y grosero.

Pero, ¿dependía de él que así no fuera, estaba en su mano el evitarlo, la educación, el ejemplo algo importaban, el tierno y solicito interés, la prédica amorosa y constante de los padres, tenían virtud bastante a contrariar la influencia misteriosa de leyes eternas y fatales?

No. Antes que los intereses aislados y transitorios de sus miembros, estaba el interés absoluto de la especie, su derecho primordial a conservarse, su voluntad inquebrantable de existir, netamente acusada en el móvil inconsciente y secreto de las pasiones humanas, en el ascendiente irresistible de la juventud y la belleza, armas supremas, de defensa en la sempiterna lucha de la naturaleza por la vida.

¿De dónde, pues, esas teorías estúpidas y monstruosas, esa titulada moral del libre arbitrio, esa pretendida traición de la mujer a una fe que no había debido, que no había podido jurar, cómo, con qué sombra o apariencia de razón declararla responsable de culpas que no eran tales y que, aun cuando lo fuesen, no eran suyas, por qué hacerla igual al hombre, por qué atribuirle derechos que no era apta a ejercitar, por qué imponerle obligaciones cuya carga la agobiaban?

La limitación estrecha de sus facultades, los escasos alcances de su inteligencia incapaz de penetrar en el dominio profundo de la ciencia, rebelde a las concepciones sublimes de las artes, la pobreza de su ser moral, refractario a todas las altas nociones de justicia y de deber, el aspecto mismo de su cuerpo, su falta de nervio y de vigor, la molicie de sus formas, la delicadeza de sus líneas, la suavidad de su piel, la morbidez de su carne, ¿no revelaban claramente su destino, la misión que la naturaleza le había dado, no estaban diciendo a gritos que era un ser consagrado al amor esencialmente, casi un simple instrumento de placer, creado en vista de la propagación sucesiva y creciente de especie? ¡Ah! ¡cuánto más sensatos y más sabios eran los pueblos del Oriente, cuánto mejor, más llevadera la suerte de la mujer bajo esas leyes, traducción fiel de las leyes naturales!

Libres de la carga de su propia libertad, sometidas al hombre ciegamente, dedicadas solo a la crianza de sus hijos, a las tareas familiares del hogar, su intervención en las cosas del mundo no llegaba más allá, su vida entera se concretaba al espacio encerrado entre los muros impenetrables del harem, y por eso precisamente eran menos desgraciadas, hallaban como cumplir su destino único en la tierra, tenían un dueño, un amo, un señor encargado de velar por ellas, dispuesto siempre a protegerlas.

Y, sinceramente, llegaba Andrés hasta hacer con Schopenhauer una calorosa apología, una defensa ardiente de la poligamia como institución humana, a encarecer su bondad, a suprimir con su auxilio una inmensa parte de los males inveterados en el organismo de las naciones cristianas.

La prostitución, esa asquerosa llaga del cuerpo social; la ilegitimidad de los hijos, esa irritante injusticia; el celibato de la mujer, esa absurda esterilización de fuerzas en las clases superiores, esa inhumana condena al más bárbaro de los presidios en las clases proletarias: cientos de miles de infelices desheredadas de la suerte, obligadas a arrastrar, para ellas y sus bastardos, una vida miserable de privaciones y trabajos.

Insensiblemente se dejaba luego llevar en el vuelo de sus ideas, se trasportaba con el pensamiento al sagrario de los hogares musulmanes, invocaba el testimonio unánime de las mujeres europeas que habían sido admitidas a penetrar en esas moradas encantadas del amor sensual, cuya descripción hacía soñar con el paraíso de Mahoma.

Él mismo recordaba haberse sentido extrañamente impresionado al contemplar una noche a una de las mujeres del Khedive.

Era en el teatro del Cairo; ocupaba un asiento de orquesta, sobre el proscenio.

De pronto, oyó un rumor sordo y confuso, un prolongado frou frou de vestidos de mujer. Dio vuelta y, entre las sombras de una pila de palos enrejados, creyó ver como grupos de espectros blancos que se agitaban.

La curiosidad lo llevó naturalmente a dirigir el anteojo hacia ese lado, alcanzando distinguir entonces en el primer avant-scêne de la derecha, cerca de él, las formas de una espléndida mujer.

Era joven, alta, blanca, de ojos negros, grandes; en el pelo, en el cuello, en las orejas, llevaba gruesas piedras de brillantes, y de la majestad serena y suave de su rostro parecía irradiar como una luz de luna...

¡Quién sabe si la dicha, si es que dicha había en vivir, no estaba allí!

¡Quién sabe si no habría valido más para su Andrea ver la luz en ese suelo, bajo la influencia de esas costumbres, al amparo de esas leyes!...

¡Quién sabe!...

El vano empeño del hombre por descifrar la incógnita de su existencia, ese escollo inconmovible y mudo ante el cual está escrito que ha de estrellarse la inteligencia humana; su estéril, su eterna lucha contra lo imposible, se renovaba entonces en Andrés, y, en el inmenso y prolongado esfuerzo, enardecido, afanoso por saber, desesperado de ignorar, su cabeza se perturbaba, sus ideas, como las ideas de un loco, se agitaban sin orden ni hilación, se entrecruzaban dolorosas como chuzas que le clavaran en la sien.

Maldecía en esas horas de ofuscación y de extravío, renegaba de su suerte que lo había hecho padre.

Por él, obligado ahora a vivir en obsequio de su hija, reatado a la existencia por ese nuevo vínculo de hierro, sin ni siquiera ser dueño de su bulto, libre de acabar por agujerearse el cráneo...

¡Por ella, la infeliz! condenada a recorrer la vía crucis de su sexo.

Y un sentimiento desnatural y salvaje lo invadía, emanado de la intensidad misma de su afecto, y llegando a imaginarse convencido de que mil veces preferible a todo es el reposo absoluto de la tumba, en bien de la niñita, él, su padre, iba por momentos hasta anhelar su fin...

¡Extraña, curiosa aberración! y temblaba, sin embargo, en presencia del más remoto asomo de peligro para la vida de su hija, y se estremecía por ella, horrorizado a la idea sola de la muerte, ese enemigo implacable y traidor que no se ve, emboscado entre las sombras del futuro, pero cuya presencia se siente y se adivina, como se siente el abismo al atravesar el mar, como se adivina el precipicio al cruzar de noche el camino de la montaña.

Sin rumbo: 35

- XXXV -

Una palabra, una gracia, una caricia de su hijita, no tardaba en llevar de nuevo la tranquilidad y la calma al espíritu de Andrés, desvaneciendo como por encanto esas nubes pasajeras, tristes vestigios de una época sombría y dolorosa.

Se sentía como purificado en presencia de la niñita, capaz de todas las virtudes, accesible a la bondad, inclinado a la indulgencia.

Una inconsciente necesidad emanaba del fondo de su alma, como un deseo imperioso, imprescindible de personificar en alguien, de encarnar en una entidad extraña y superior la causa de todo el bienestar de que gozaba.

¿Bastaba acaso buscarla, conformarse con tener su explicación en las alternativas, en los azares de la vida, en el destino, en la suerte?

El helado vacío de esas palabras producía en él una afligente impresión de soledad y desamparo, corno si vagara perdido entre tinieblas.

Lo que el azar hacía hoy, podía deshacerlo mañana... ¡Ay de él! ¡de su hija, ay! ¡de su felicidad entonces!

Y ante la horrible amenaza, un secreto sentimiento lo asaltaba, hecho de egoísmo, de debilidad, de cobardía, y queriendo creer y temiendo no llegar a conseguirlo, obstinadamente se empeñaba en cerrar los ojos a la importuna luz de su razón.

Contra todo, a pesar de todo y porque sí, se esforzaba por remontarse en alas de una fe ficticia hasta la noción de Dios.

Sin rumbo: 36

- XXXVI -

Todo, por otra parte, le sonreía.

Su situación cada día era más propicia; los quebrantos sufridos en su fortuna, el vacío dejado en ella por los gastos insensatos de una vida de desorden, poco a poco se colmaba.

En el tiempo trascurrido había logrado chancelar la hipoteca de su estancia.

Con el aumento de las haciendas en ese año y el producto de las lanas que estaba almacenando ya, esperaba poder dejar asegurada la fortuna de su Andrea y, libre de preocupaciones enojosas, consagrarse por completo a la educación y felicidad de la chiquita.

¡Quién sabe...! después, más tarde, se iría a Europa... se establecería en París, la pondría en el Sacré-coeur.

Pero como si entre las leyes ocultas que gobiernan el universo existiera una, bárbara, monstruosa, exclusivamente destinada a castigar por el delito de haber gozado alguna vez, el sueño acariciado por Andrés no debía tardar en disiparse convertido en una ironía sangrienta del destino.

Sin rumbo: 37

- XXXVII -

Un calor sofocante había reinado todo el día.

Al ocultarse el sol y mientras soltaban del tendal las últimas ovejas esquiladas, se vio parecer allá, en el horizonte, una mole enorme de sombras.

Parecía venir rodando por el campo, imponente, fantástica, monstruosa.

Súbitos resplandores la atravesaban, como llamaradas entre la espesa humareda de alguna inmensa quemazón.

Cambiaba de color. Era oscura primero, casi negra; luego azul, luego gris, de un gris sucio y terroso al acercarse.

De pronto, silbó el viento, los árboles crujieron, se sacudieron, una nube de hojas voló entre una nube de polvo; gruesas gotas salpicaron el suelo, sonaron como tiros en el techo de hierro del galpón, acribillado un momento después por la descarga incesante y furiosa de la lluvia.

Poniéndose los ponchos, tapándose con mantas, con jergas, con cueros de carnero, los peones, interesados y mensuales, a un grito de Andrés corrieron al palenque y subieron a caballo.

Él mismo montó dando el ejemplo y salió a escape, hecho ahora a esa vida, a esas fatigas, habituado a no excusar el contingente de su persona, a ser el primero siempre en los trabajos, ávido de lucro, dominado por la idea del oro, por una ciega ambición de acumular, de aumentar indefinidamente su caudal.

Corrió a los puestos, a las haciendas, abandonadas durante la esquila al cuidado de mujeres y muchachos, expuestas a que el azote del viento las dispersara, a que el frío matara las ovejas despojadas de su manto protector.

Empleó la tarde entera en dirigir a los peones, acudiendo él personalmente de un lado a otro, juntando puntas de animales extraviados, arreando las majadas, haciéndolas rodear entre las pajas y dándoles así un abrigo para el caso de que el viento se llamara al Sud y la tormenta se trocara en temporal.

Por fin, después de haber impartido las órdenes que su experiencia y su práctica le sugerían, de noche ya, con el caballo rendido y fatigado él mismo, llegó de vuelta a la estancia.

Sin rumbo: 38

- XXXVIII -

La tía Pepa lo esperaba a comer con la niñita.

Fue, de parte de ésta, un coro de lamentos, de exclamaciones y preguntas, al verlo entrar así, todo mojado:

-¡Pobrecito Papá, pobrecito! ¿Tenés frío, tenés nana?

Se agitaba, se empeñaba en traer la ropa, los botines, todo el ajuar de sus muñecas para que su padre se cambiara.

En la mesa, quiso por fuerza sentarse sobre las rodillas de Andrés, comer en su mismo plato, darle ella misma los bocados, volviéndose a cada instante, pasándole las manitas por la cara, por la barba, besándole los ojos, llenándolo de caricias con esa gracia exquisita y suave, con esa delicadeza encantadora inherente a la mujer en los primeros años de la infancia.

Nunca se había mostrado Andrea tan extremosa con su padre, nunca su afecto instintivo de criatura había tenido mayores ni más francas efusiones.

-Es tarde ya y la noche se ha puesto destemplada y fría. Llévesela a dormir, señora, acuéstela, no sea que se nos vaya a enfermar, que el cambio brusco de la temperatura le haga daño...

Y, tomando entre sus manos la cabeza de la niñita después que hubo cargado a ésta la tía Pepa y besándola en la frente con inefable fruición:

-Buenas noches mi angelito querido, mi tesoro, Dios me escuche y te conserve -exclamó Andrés enternecido, suspirando.

Retirado al escritorio, del que había hecho su aposento desde el nacimiento de Andrea, largo rato, a pesar del cansancio que sentía, revolviéndose en la cama, desasosegado, calenturiento, en vano trató de conciliar el sueño.

¿Era un triste presagio lo que así lo conmovía, una de esas intuiciones misteriosas, la voz del corazón que no engaña anunciándole alguna desgracia, alguna horrible desgracia?

Pero... ¿qué... qué le podía suceder a él... qué motivos tenía para alarmarse, para recelar del porvenir?

¿No vivía feliz, rico, a cubierto de la miseria por lo menos, tranquilo y contento al lado de su hija, gozando al verla crecer sana, fuerte, linda, ufano de sus encantos, soberbio, orgulloso de decirse padre de aquel ángel?

Sí, cierto... era cierto todo eso... pero... ¡pero podía dejar de serlo!...

Y, en el estado de eretismo nervioso que había llegado a apoderarse de él, el mismo sordo malestar, su temor, sus aprensiones de siempre lo asaltaron, el vago y confuso terror latente en él, que llegaba por momentos a amargarle hasta los besos y las caricias de su hijita.

En un esfuerzo sin embargo, trató de reaccionar contra esas locas ideas, se las reprochaba como una vergonzosa cobardía, se decía que era nimio, absurdo lo que pensaba, como se dice a los niños que no es nadie el cuco que los asusta.

Se apocaba, se deprimía, empeñado en persuadirse.

¿Cuándo era que había visto él más allá de sus narices, cuándo había atinado a prever nada?

Bastaba que en las mil vicisitudes en las mil alternativas de la existencia se hubiera anticipado a los sucesos, predicho algo, un acontecimiento, un hecho cualquiera del dominio físico o moral, para que saliesen erradas sus conjeturas, y resultase lo contrario precisamente de lo que había pensado o calculado.

¿Temía que su hija se enfermara, se muriera?

No podía adquirir indicio más seguro de que iba a vivir sana largos años...

¡Sí, eran realmente insensatos y pueriles sus sobresaltos!...

En medio de la oscuridad y del silencio de la noche, oía el golpe sordo de la lluvia chocando contra los vidrios, el silbido triste del viento al deslizarse rozando las paredes de la casa y las altas aristas del techo de pizarra.

Pensó en el contratiempo de la tormenta, tan luego al concluir la esquila, en el agua que seguía; debía ser fría, la sentía venir del lado del sud...

Miles de ovejas podían quedar tendidas en el campo, podían ser enormes los perjuicios.

Era eso, a no dudarlo, lo que lo tenía afectado y mal dispuesto... esa y no otra en el fondo la razón de su desvelo.

Una pérdida, una contrariedad cualquiera en sus negocios lo impresionaba ahora como si se tratase de una cuestión de vida o muerte...

Era estúpido, ridículo afectarse por semejantes pequeñeces...

¡Bah! unos cuantos miles de pesos más o menos... no sería por eso ni más, ni menos feliz su Andrea.

Sin rumbo: 39

- XXXIX -

Repentinamente, horas después, sintió que golpeaban a su puerta; se despertó en sobresalto:

-¡Andrés, Andrés!

-Qué... entre, señora... ¿qué hay?

La tía Pepa acababa de abrir.

Pálida, turbada, demudado el semblante, se había acercado con una luz en la mano:

-No sé lo que tiene la chiquita, Andrés...

-¿La chiquita... cómo... qué dice... explíquese, hable señora... qué hay?

-Se ha puesto ronca de pronto, muy ronca... yo no se lo que será...

De un salto, sin dejarla continuar, se tiró Andrés de la cama, arrebató la luz de manos de la señora y fuera de sí, aturdido, enajenado, sin comprender, sin discernir otra cosa sino que su hija estaba enferma, subió de a cuatro los escalones.

La encontró en la cama, sentadita, llorando.

Respiraba difícil, fatigosamente, como si el aire pasara al través de un velo por su garganta. La atacaban accesos bruscos de tos, de una tos dura y seca que parecía desgarrarle el pecho.

-¡Qué es eso, mi hijita! -exclamó Andrés precipitándose sobre ella-, díme dónde te duele ¿dónde tienes nana?

-¡Nana!...

-Pero, ¿dónde es la nana, mi hija, díme dónde? -insistía arrodillado delante de la cama, palpando nerviosamente la cabeza, la frente, las manos de la niñita.

-Nana, nana -repetía ésta con voz alterada y ronca, percibiéndose apenas sus palabras.

Como si una espantosa visión hiriera sus sentidos, como si hubiese visto escrita en aquel instante la sentencia de muerte de su hija, un grito desgarrador salió de boca del padre.

Era crup aquello, sí, era el crup lo que la niñita tenía...

¡Qué otra cosa significaba esa ronquera, esa tos, ese embarazo de la respiración, todo ese cuadro de síntomas declarándose así, traidoramente en medio de la noche!...

-Vaya tía, vaya corriendo, despierte al mayordomo, dígale que se levante, que lo necesito, que venga ahora... ya, ya...

-exclamó Andrés empujando a la señora hacia la puerta.

Él mismo corrió a su cuarto, registró los bolsillos de su pantalón que había dejado sobre una silla al desnudarse, sacó sus llaves, abrió la alacena del botiquín, revolvió un momento con mano incierta y trémula los frascos, los cajones, hasta dar al fin con unos envoltorios de papel que sacó y llevó consigo.

Sí, era eso lo que le habían dicho, lo que mandaban los médicos... un vomitivo, un vomitivo de hemético... darlo inmediatamente, sin perder un solo instante...

-Tome mi hijita, beba lo que le da Papá -dijo con palabra suplicante, acercando el medicamento a la boca de la niñita, así que lo hubo preparado en una copa.

-No, no quiero...

-Es muy rico, mi hija... es papa...

-No, no, caca -hizo ella después de haber humedecido sus labios en el líquido-, caca... pu..., no quiero -repetía retorciéndose deshecha en llanto, con la voz más apagada cada vez, multiplicando sus esfuerzos en aspirar el aire que le faltaba.

Sin esperar más, el padre la acostó de espaldas; resueltamente la agarró de los dos brazos y manteniéndola así con una mano, inmóvil, a pesar de la viva resistencia que oponía, la obligó con la otra a tragar el vomitivo, derramándoselo por fuerza en la boca.

La tía Pepa, de vuelta ya, entró seguida del mayordomo:

-Haga atar -dijo a este Andrés-, vaya vd. mismo al pueblito y traiga un médico. Lleve si es necesario a toda su gente, mate la caballada, pero no me salga diciendo después que se ha perdido... Quiero que corra, que vuele, que vaya y vuelva a rajacincha... Oiga -agregó llamando al otro que había salido ya a cumplir la orden-, adelante un chasque para ganar tiempo, diga al médico que mi hija se me muere, que creo que es crup lo que tiene, que cobre lo que quiera por su viaje, pero que venga... que venga inmediatamente... ¡que se lo pido por Dios!

Sin rumbo: 40

- XL -

Fueron mortales para Andrés las horas que trascurrieron.

Pasado el primer momento de nerviosa excitación, provocado en él por la inminencia misma del peligro, su valor, su firmeza de hombre, poco a poco lo abandonaron, se sentía desfallecer en una zozobra invencible, y amilanado y cobarde en presencia de aquel cuerpo de criatura enferma, un desaliento profundo lo invadió.

No, no había remedio, toda esperanza era vana, el crup no perdonaba, nadie escapaba de sus garras...

Recordaba ejemplos de familias conocidas, personas de su relación, amigos suyos cuyos hijos habían muerto de esa horrible enfermedad, éste, aquél, diez, cien, uno entre otros, amante, idólatra de los suyos... y había enterrado a dos de sus criaturas ése, el mismo día.

¡Ah! si era cierto que había un Dios y si así castigaba Dios a los buenos, ¡qué derecho tenía él, Andrés, para atreverse a esperar la protección del cielo!

Su hijita se le iba a morir, debía morirse, era fatal, lo sentía, lo sabía...

A la luz vacilante del velador, en aquella pieza que horas antes encerraba para Andrés toda la dicha de la vida, como una sombra delante de la cama de la niñita iba y venía.

Febriciente, en la impaciencia de la espera consultaba el reloj a cada paso.

Villalba debía haber pasado ya el arroyo, seguido la huella, dejado a tras mano la pulpería... ¡Como no fuese a errar el rumbo con aquella noche infame!...

La violencia del dolor lo embargaba por momentos, se llevaba las manos al cuello como queriendo arrancarse la opresión que anudaba su garganta, los ojos se le llenaban de lágrimas, tenía que hacer esfuerzos sobrehumanos para contenerse, para reprimir un deseo loco de estallar, de ponerse a llorar a gritos, como una mujer, como una criatura.

El medicamento, sin embargo, parecía haber provocado una reacción favorable; la respiración era menos afanosa, la tos había cesado, en una calma relativa pudo la niñita adormecerse.

Pero un cambio repentino no tardó en sobrevenir; un recrudecimiento del mal se declaró al amanecer, después de algunas horas de reposo, cuando alucinado el padre por esa aparente mejoría, recobraba la esperanza, se decía que eran infundados, insensatos sus temores, que en un exceso de amoroso celo, había visto alzarse el fantasma helado de la muerte allí donde existía solo un riesgo remoto y pasajero, una indisposición sin importancia, acaso un simple enfriamiento debido a la perturbación atmosférica de la víspera.

Lentas, interminables, las horas sin embargo se sucedían; daban las nueve en el reloj del comedor y el médico no llegaba.

Vanamente, desde una de las ventanas altas, clavaba Andrés los ojos en el camino, esperaba alcanzar a distinguir el carruaje a la distancia.

El carruaje... el médico... ¡tal vez era eso la salvación para su Andrea!...

Pero nada... nadie... siempre nadie en el horizonte incierto, y nebuloso, velado por la caída incesante de la lluvia.

La chiquita, entretanto, sensiblemente se agravaba.

Su embarazo al respirar se traducía ahora en un trabajo violento, empeñoso, al que parecían concurrir todos los músculos del cuello.

No obstante la energía desplegada, el aire penetraba de una manera pesada, lenta. Se producía a su paso un silbido prolongado y ronco, lastimoso de oír, algo como un extremo llamado a la vida que se escapaba, mientras en las convulsiones de la tos, de una tos catarral, sin timbre, sofocante, la criatura desesperadamente se agitaba.

En esa muda actitud que acaban por provocar los grandes males cuando se está en la impotencia de remediarlos, contemplaba Andrés a su hijita.

Una sorda irritación lo sublevaba, sentía despertarse en él un furor reconcentrado y ciego.

Habría querido que eso que le mataba a su Andrea, la enfermedad cobarde, y traidora revistiese una forma humana, material, fuese un hombre, una fiera, alguien, en fin, contra quien le quedara por lo menos el derecho, el recurso supremo de la defensa, a quien poder herir, matar, él a su vez.

Pero nada le era dado hacer... nada... se encontraba desarmado, vencido de antemano en aquella lucha terrible y desigual... Solo un milagro, solo Dios podía salvarla.

Dios... pero, ¡dónde estaba ese Dios, el Dios de misericordia y de bondad, el Dios omnipotente que miraba impasible tamañas iniquidades!

Él... ¡oh! ¡él había sido un bellaco, un miserable, que purgara sus culpas, que el cielo lo castigara, era justicia!

Pero ella la pobrecita, qué había hecho... ella la inocente, ¡que ni tiempo de vivir había tenido!

Verla sufrir, verla morir, y resignarse... ¡era espantoso!

No... imposible... algo debía haber... algo... algún remedio se conocía que curara, que calmara por lo menos; ¡la ciencia en suma no era una palabra hueca, una ironía!...

Corrió a su cuarto, abrió la biblioteca, sacó un libro de medicina: Bouchut, maladies des enfants, recorrió el índice, buscó el artículo: Crup, y ávidamente empezó a leer.

Leía una, dos, tres veces el mismo párrafo, sin saber, sin entender lo que leía, sin que una sola idea se fijara en su cabeza.

Las letras, las palabras, los renglones, pasaban en confusa procesión por delante de sus ojos, sin dejar rastro en él, como pasa la luz por los ojos de los ciegos.

En una enorme tensión intelectual trataba de aplicar sus facultades, concentraba sus esfuerzos de atención, se empeñaba en penetrar el sentido de términos nuevos para él, voces técnicas que hallaba a cada paso y que eran como manchas de tinta que le hubiesen derramado sobre el papel.

Ofuscado, loco, iba a tirar el libro lejos de sí, cuando, bruscamente, la palabra trementina allí escrita, despertó en él una reminiscencia.

Sí, estaba seguro, recordaba perfectamente, era una receta contra el crup, había guardado el recorte del diario, debía tenerlo.

Registró, revolvió largo rato los cajones del escritorio; en uno de ellos halló por fin lo que buscaba.

Era, en efecto, una prescripción dirigida a combatir los estragos de la enfermedad.

Se aconsejaba quemar una mezcla de alquitrán y trementina en la habitación del enfermo; se aseguraba que el efecto era instantáneo, la curación segura y radical.

Cortos momentos después, el líquido ardía en un brasero junto a la cama de Andrea.

Sordamente, al través de la espesa y fétida humareda que despedía, el ruido de la respiración de la niñita, el silbido característico del mal se dejaba percibir lamentable, estertoroso.

Habríase dicho que algún horrible y misterioso atentado se consumaba dentro de las paredes de aquel cuarto.

Pero Andrés y la tía Pepa que, sobrecogidos y mudos de dolor, esperaban tras de la puerta entornada, oyeron de pronto como si en las ansias mortales de la asfixia, el pecho de la desgraciada criatura estallara hecho pedazos.

Después, un silencio... un silencio profundo... ¡nada!

-Mi hija... mi hijita... ¡muerta, ha muerto! -gritó el padre precipitándose a la ventana y abriéndola de par en par, mientras la tía Pepa corría hacia la cama de la chiquita.

Hinchadas las facciones, lívida, los ojos fijos y vidriosos, sin el sudor que brotaba a gotas de su frente y el agitado ritmo de su aliento superficial y corto, se habría creído que en efecto la criatura era un cadáver:

-No, no te asustes... ¡Por Dios! ¡Andrés! ten calma... no está muerta... ¡vive, respira!...

La masa de humo, barrida por el viento, se disipaba.

Andrés, de pie, frente a la cama, había clavado la mirada sobre su hija, una mirada dura, siniestra, inmóvil, los ojos desmesuradamente abiertos, las pupilas enormemente dilatadas; una mirada de loco.

Quiso hablar, un sonido inarticulado, como un salvaje alarido salió de su garganta.

De un tirón, se arrancó la corbata, se abrió el cuello de la camisa y bruscamente, haciendo crisis el estado de parasismo nervioso en que se hallaba, cayó, se desplomó de rodillas, ocultando el rostro en las almohadas, sollozando.

Sin rumbo: 41

- XLI -

El médico llegó por fin: un muchacho provinciano, pobre, de esos que, recién salidos de la Facultad de Buenos Aires, sin relaciones en la capital, se resignan a buscar en los pueblos de campo un refugio pasajero contra el hambre, a principiar por ahí.

Examinó detenidamente a Andrea, las manifestaciones locales de la enfermedad, el aspecto de la garganta, cubierta en parte sobre su fondo inflamado y rojo, por una tela blanquizca, semejante al pellejo que se desprende de una quemadura, el pulso, la fiebre, el estado general de la chiquita y, sin perder un instante, con gesto a la vez resuelto y tranquilo:

-Necesito que Vd. me ayude, señor; vamos a hacerle una pequeña curación.

-¿Es crup?

-Mucho me lo temo -dijo echando mano de un paquete que había llevado consigo. Pero notando luego la impresión que sus palabras acababan de producir sobre el ánimo del padre y queriendo cambiar, atenuar, cuando menos, el alcance que tenían-: ¡Oh! no lo afirmo de una manera absoluta... bien puedo equivocarme. El crup, por otra parte, no siempre es mortal; se sana de eso como de cualquier otra enfermedad... Vea señor, me la va a tener de la cabecita; fuerte, que no se mueva -agregó, concluyendo de poner los remedios sobre la mesa de luz.

Así que Andrés hubo hecho lo que el médico le decía, manteniendo éste abierta la boca de la niñita y apretándole la lengua con el índice de la mano izquierda, empezó con la derecha a revolverle un pincel en la garganta.

Varias veces lo metió dentro de uno de los frascos, repitió otras tantas la operación, agachado, mirando, con pulso sereno y fijo, sin lástima, brutal, cruelmente.

Un líquido hediondo y viscoso, una bocanada de flemas sanguinolentas, salió al fin de la boca de Andrea en una arcada.

Terminada la curación cuyo efecto inmediato fue una aparente tregua del mal, quiso el médico conocer lo que desde un principio había sucedido, el precedente estado de salud de la chiquita, los síntomas que había experimentado, si se le había hecho algún remedio; y, una vez en posesión de estos datos, determinó el tratamiento, dio sus instrucciones a la tía, llegando a constituirse él mismo en enfermero.

Sin rumbo: 42

- XLII -

El resto del día se siguió sin alteración notable en el estado de Andrea.

La fiebre persistía, elevada, intensa; la debilidad, la ronquera, la sofocación de la voz eran constantes, llegando a ratos hasta una afonía completa.

La niñita lloraba, hablaba, se quejaba; nada se percibía, ningún sonido hería el oído.

Pero estos accidentes se modificaban en los golpes de tos. La voz volvía, la respiración se despejaba, un alivio coincidía con la remoción de las secreciones catarrales que Andrea tragaba o arrojaba por la boca.

De tiempo en tiempo, le cauterizaba el médico la garganta, la obligaba a tomar una cucharada de bebida, un segundo vomitivo fue ordenado; la acción de la naturaleza era así secundada por el auxilio de la ciencia.

Pálido, abatido, desfigurado, acusando haber sufrido en pocas horas lo que solo es posible sufrir en largos años, permanecía Andrés al lado de su hija, sin apartarse de ella un solo instante, sin querer salir del cuarto, rehusando alimentarse, reposar, dormir.

La tía Pepa empeñada en persuadirlo, en consolarlo, lo exhortaba.

¿Qué ganaba con afligirse así; sanaría por eso la chiquita?

Él mismo podía enfermarse y sería mil veces peor. Por ella, pues, ya que no en obsequio propio, debía mostrarse razonable.

Invocaba la opinión del médico, apelaba a su testimonio. Las criaturas no se criaban sin tener enfermedades, sin sufrir ellas también.

¡Cómo había de ser!... alguna vez había de tocarle a la pobrecita, quién no pasaba trabajos en la vida. Dios los mandaba, ¡no había más que conformarse!

Al fin, ante las repetidas instancias de la señora, consintió Andrés en beber un poco de caldo.

Salió luego por pedido del médico, a tomar un momento el aire con éste, a fumar juntos un cigarro.

El cielo había empezado a despejarse; el pampero soplaba fresco y seco; las nubes, apuradas, se cortaban, corrían unas tras otras como queriendo alcanzarse; iban al este, a las sombras, a la noche, mientras el sol, brillando en el ocaso, parecía mirarlas soberbio de su triunfo.

De vez en cuando, el médico y Andrés cambiaban una palabra.

Era una pregunta del padre, del padre que poseído de la idea de un desenlace fatal, ¡extraña contradicción! buscaba sin embargo pábulo a su esperanza, a una esperanza que no tenía, como, aun al pie del cadalso, mira el condenado a muerte si le llega su perdón.

Duraba mucho el crup, en cuánto tiempo mataba, y ese alivio, esos desahogos repentinos que se observaban en la respiración, ¿debía ser bueno, eso?... ¿qué significaban, denotaban una disminución del mal, podían ser considerados como un síntoma propicio, o eran otras tantas engañosas alternativas durante el curso de la cruel enfermedad?

En la embarazosa situación en que se hallaba, midiendo el alcance de sus palabras, haciendo sus salvedades, sus reservas, trataba el médico de reanimar el abatido espíritu de Andrés.

Sin ocultar el estado grave de la niñita, afirmaba que no era un caso desesperado, que podía ésta sanar, la fiebre declinar de un momento a otro, que esas bruscas remisiones de la sofocación eran provocadas a veces por la expulsión total de las falsas membranas, de la laringe y de la tráquea, y que una creciente y franca mejoría solía desde entonces declararse.

El silencio caía de nuevo, pesado y triste. Ambos continuaban caminando, haciendo crujir bajo sus pies la tosquilla de los caminos:

-¿Cómo va la nenita, patrón? -preguntó una voz a espaldas de ambos.

Era Villalba. Humildemente se había detenido a la distancia, descubierto.

-Como el diablo, por morirse...

-¡No ha de querer Dios! ¿Sabe que hemos andado medio mal, patrón, causa de la tormenta? -agregó al cabo de un momento con gesto embarazado y zurdo, revolviendo el sombrero entre sus manos-, han sido con demasía las pérdidas; el tendal de ovejas muertas ha quedado por el campo... el agua tan por demás fría y los pobres animales recién pelados, por fuerza tenían que engarrotarse...

Para peor, una punta grande de vacas ha enderezado a los alambres y se ha azotado al arroyo, ahogándose muchas de ellas.

-Y eso, ¿a mí qué me importa, qué me lo viene a decir? ¡a ver cómo no se mueren todas!...

¡Imbécil!... como para ocuparse de vacas estaba él...

Sin rumbo: 43

- XLIII -

Fue en la mañana siguiente, después de una noche cruel de sufrimientos y en presencia de los progresos cada vez mayores de la enfermedad, que el médico se resolvió a operar a Andrea.

La fiebre, sin embargo, había cedido; sucediéndose a intervalos más distantes cada vez, habían cesado los accesos de la tos.

No era ya, al respirar, el silbido largo y ronco que se dejaba oír, así a la entrada, como a la salida del aire, y si bien en el movimiento inspiratorio un ligero ruido persistía, la espiración se hacía en silencio. En la nueva faz que revestía la enfermedad, la niñita parecía descansar profundamente dormida.

Pero esos síntomas, halagadores para el padre, lejos de tranquilizar al médico, fueron a sus ojos el triste pronóstico de un fin cercano; esa calma, esa quietud, la postración, la modorra que precede en ciertos casos a la muerte.

Y cuando, poco después, vio que la enferma con dificultad era arrancada a la especie de letargo en que yacía, que una insensibilidad completa se operaba en determinadas partes de su cuerpo y que, abultadas y duras las venas del pescuezo, una rojez lívida coloreaba su rostro, como si la presión del aire le faltara, como si el vacío se operara en torno suyo, sin perder un minuto, llamó al padre:

-Es de todo punto necesario, indispensable, señor -le dijo-, que su hijita sufra una operación. La única salvación posible para ella depende del éxito de este recurso extremo. Vd. es hombre, pero vd. es padre... vaya, retírese y mándeme a alguien que me ayude, será mejor, créamelo... por vd., por mí mismo se lo aconsejo, se lo pido.

-¡Dejarla a mi hija, yo! No doctor, no me pida eso, no puedo, ¡es imposible! -repuso Andrés sacudiendo tristemente la cabeza, mientras en las frías inflexiones de su voz, una voluntad inquebrantable, una estoica resolución se descubría:

-Esté tranquilo, por lo demás... no me ha de faltar valor -agregó- vd. lo ha dicho: soy hombre...

Comprendiendo el médico que habría sido vano empeñarse en disuadirlo, pero temiendo, no obstante la entereza de que se mostraba animado, que en aquella dura prueba flaqueara su corazón de padre:

-Convendría que viniese otra persona más, que hiciese vd. llamar a su encargado. Con las señoras no debe uno contar en estos casos.

Sin rumbo: 44

- XLIV -

Fue acostada Andrea sobre una mesa, boca arriba, volviendo la espalda a la luz de la ventana.

El médico le había apoyado la cabecita sobre una almohada, tanteando la altura, apretando la lana, esponjándola luego un poco más.

Parado a la izquierda de la niñita y mientras recomendaba a Andrés y a Villalba situados hacia el lado opuesto, que trataran de impedir todo movimiento en aquella, se apoderó de un instrumento entre los varios que al alcance de su mano se veían sobre la mesa: dos pequeñas hojas de acero, una especie de tenaza, un tubo encorvado de metal.

Inclinado sobre Andrea, con los dedos de la mano izquierda empezó a palparle el pescuezo, como buscando algo, como queriendo fijarlo, asegurarlo; los detuvo, y delicadamente entonces, en medio del índice y del pulgar, pegó un tajo.

Unas cuantas gotas de sangre brotaron, de sangre espesa y subida de color, casi negra.

Abiertos los labios de la herida y por entre los tejidos blancos de los tendones que se descubrían en el fondo, iba el médico a seguir cortando, cuando una conmoción violenta de la criatura, algo una postrera tentativa de su naturaleza en busca de aire, toda entera la sacudió:

-¡Ténganmela fuerte, no me la dejen mover!

Y, sin soltar el cuello de la niñita y sin apartar el instrumento de la herida, no obstante el momento de vacilación que se siguió, resueltamente acabó de abrir.

Fue como cuando el agua se sume, un ruido áspero y gordo al penetrar el aire por entre sangre y cuajarones de flemas... Fue a la vez como un prodigio sobrehumano, como un milagro de resurrección.

Debatiéndose en las convulsiones de la asfixia, la niñita se moría...

Pocos segundos después la tirantez de las venas, la hinchazón de los miembros, el tinte azulado de la piel, todos los síntomas de una segura y próxima agonía habían cesado; un soplo nuevo de vida entraba por aquella boca artificial.

A duras penas pudo soportar Andrés hasta el fin la vista de aquel horrible espectáculo. La desgraciada criatura le hacía el efecto de un cordero degollado.

Y, mientras el médico terminaba su dolorosa tarea, envolvía un pedazo de tela trasparente en derredor del cuello de la niñita, vacilante, desfalleciente, bamboleándose como un borracho, el padre salió del cuarto.

Apoyado a la puerta, a las paredes, agarrado del pasamano de la escalera, trastornada, perdida la cabeza, bajó, se encontró sin saber cómo en su aposento, solo:

-Sálvala, sálvala -exclamó caído de rodillas, entrecruzando los dedos de las manos sobre el pecho, alzando suplicante la mirada, corriendo a chorros el llanto de sus ojos-, Dios, Dios mío, Dios eterno... sí, creo en ti, creo en todo, con tal de que me la salves!...

Sin rumbo: 45

- XLV -

Y Dios no se la salvó.

La enfermedad, el agente misterioso, el adversario implacable siguió avanzando terreno, la infección secundaria invadiendo el organismo de la desdichada criatura, pudriéndola en vida el virus ponzoñoso de la difteria.

Y todo fue en vano; los recursos, los remedios, los paliativos supremos de la ciencia, el ardiente empeño del médico, el amoroso anhelo del padre, el fervor religioso de la tía, todo el arsenal humano, todo fue a estrellarse contra el escollo de lo desconocido, de lo imposible... tres días después de haber caído enferma, Andrea dejó de sufrir.

Como si se hubiesen secado en Andrés las fuentes del sentimiento, como si el dolor lo hubiese vuelto de piedra, ni una lágrima lloraron sus ojos, ni una queja salió de sus labios, ni una contracción arrugó su frente; impasible y mudo la vio morir, la veía muerta.

El médico, compadecido, hizo por llevárselo de allí.

Se rehusó secamente. Quiso que lo dejaran solo, lo pidió, lo exigió y junto al lecho de su Andrea, que la tía Pepa bañada en llanto había sembrado de flores, se dejó quedar sobre una silla, inmóvil, abrumado, anonadado...

De noche y tarde ya, abandonó su asiento.

Con el frío y sereno aplomo que comunican las grandes, las supremas resoluciones, había dado algunos pasos en dirección al otro extremo de la pieza, cuando un brusco resplandor penetró por la ventana, rojo, siniestro, contrastando extrañamente con la luz blanca de la luna.

Se detuvo Andrés y miró: el galpón de la lana estaba ardiendo. Anchas bocas de fuego reventaban por el techo, por las puertas; las llamas, serpenteando, lamían el exterior de los muros como azotados de intento con un líquido inflamable.

Poco a poco el edificio entero se abrasaba, era una enorme hoguera, y a su luz, allá, detrás del monte, por las abras de los caminos, habría podido alcanzarse a distinguir un bulto, como la sombra de un hombre que se venga y huye.

Andrés, él, nada vio, ni un músculo de su rostro se contrajo en presencia de aquella escena de ruina y destrucción.

Imperturbable, siguió andando, llegó hasta descolgar de la pared un cuchillo de caza, un objeto precioso, una obra de arte que, junto con otras armas antiguas, tenía allí, en una panoplia.

Volvió, se sentó, se desprendió la ropa, se alzó la falda de la camisa, y tranquilamente, reflexivamente, sin fluctuar, sin pestañear, se abrió la barriga en cruz, de abajo arriba y de un lado a otro, toda...

Pero los segundos, los minutos se sucedían y la muerte así mismo no llegaba. Parecía mirar con asco esa otra presa, harta, satisfecha de su presa.

Entonces, con rabia, arrojando el arma:

-Vida perra, puta... -rugió Andrés-, ¡yo te he de arrancar de cuajo!...

Y recogiéndose las tripas y envolviéndoselas en torno de las manos, violentamente, como quien rompe una piola, pegó un tirón.

Un chorro de sangre y de excrementos saltó, le ensució la cara, la ropa, fue a salpicar sobre la cama el cadáver de su hija, mientras él, boqueando, rodaba por el suelo...

El tumulto, abajo, se dejaba oír, los gritos de la peonada por apagar el incendio.

La negra espiral de humo, llevada por la brisa, se desplegaba en el cielo como un inmenso crespón.

Made in the USA
Middletown, DE
20 January 2016